Claudia Grah-Wittich
Stefan Krauch
Annika Kern
Christian Forss

Vor allem Sinne

Claudia Grah-Wittich
Stefan Krauch
Annika Kern
Christian Forss

Vor allem Sinne

Praxisbuch Frühförderung für Eltern und Fachkräfte in Therapie und Pädagogik

Gesunde Kinder durch Förderung der Sinnesentwicklung

Verlag Freies Geistesleben

Inhalt

Einstimmung

Menschenkundliche Grundlagen

Module

Anhang

Vorwort

Wesentlich ist es, die kleinen Dinge zu sehen.

Wer sich mit Kindern und Kindheit beschäftigt, dem sei dieses Buch unbedingt ans Herz gelegt. Es steckt voller Ideen und Anregungen aus langjähriger Frühförderpraxis. Eltern und Fachkräfte aus Pädagogik, Therapie und Medizin können gleichermaßen aus diesem reichen Fundus schöpfen und erhalten außerdem eine profunde Einführung in die Welt der menschlichen Wesensglieder und basalen Sinne. Die Schilderungen und Abbildungen wirken unmittelbar motivierend, wecken ein tiefes Verständnis und befähigen dazu, die Reifung der kindlichen Sinne zu unterstützen und zu pflegen. Durch rasante kulturelle Entwicklungen wird auch die Zeit der Kindheit oft einer Beschleunigung und Technisierung unterworfen, die zu wenig Zeit für unbeschwertes Spiel und ausreichende Sinneserfahrungen gibt. Doch sensomotorische Integration vollzieht sich an Welterfahrungen, und zwar vor allem an sinnesreichen analogen Erfahrungen.

In den letzten zwei Jahren wurde entdeckt, dass die Nutzung digitaler Medien bei Kindern bis in die Hirnstruktur und in die Hirnströme Spuren hinterlassen. Es ist eminent wichtig, dass man sich neben allem Nutzen auch die bis in die Reifung wirkende Kehrseite der Digitalisierung für Kinder klarmacht. Zeit in der Natur und Aktivitäten wie die in diesem Buch vorgestellten können dem entgegenwirken.

Schon die phänomenologische Beobachtung der eigenen Wahrnehmungen in der Welt und am eigenen Leib zeigt, wie unterschiedlich ein direkter oder ein durch einen Bildschirm vermittelter Weltkontakt wirkt. Bildschirmmedienerfahrungen werden ausschließlich über das Sehen und Hören vermittelt. Doch sogar diese beiden Sinne werden ungenauer und flacher angesprochen als im realen Leben. Es ist wichtig, zu Erlernendes mit allen Sinnen und sinnvoll handelnd in der körperlichen Erfahrung zu verankern, damit diese zu einer guten Grundlage für das Handeln, Empfinden und Erkennen wird. Wer solche Sinneswelten kennenlernen und mit Kindern freudig gestalten möchte, der findet hier reiche Anregungen.

Wir wünschen den Lesern und Leserinnen viel Freude!

Dr. med. Silke Schwarz
Prof. Dr. med. David Martin
Witten/Herdecke 2024

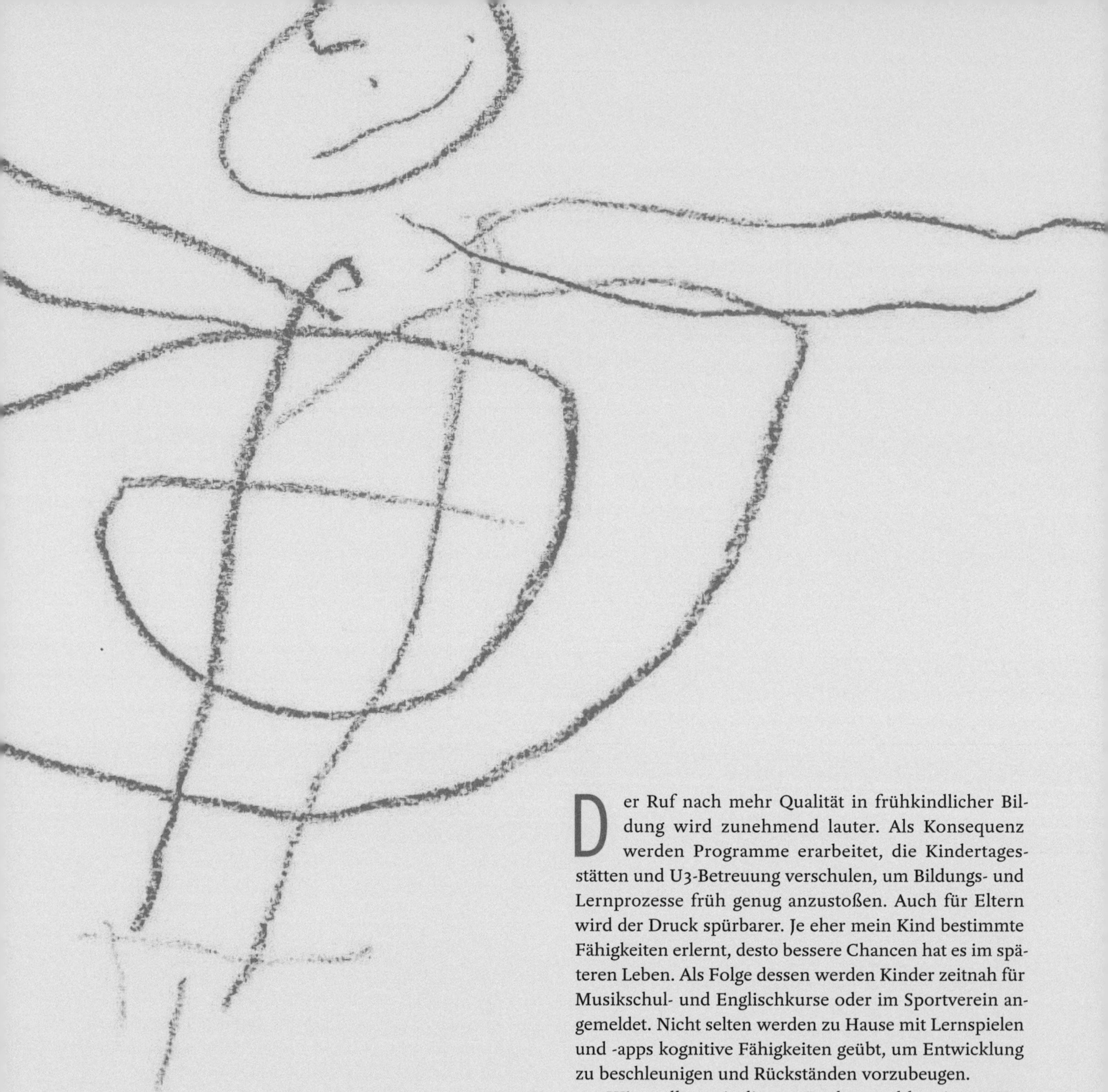

Der Ruf nach mehr Qualität in frühkindlicher Bildung wird zunehmend lauter. Als Konsequenz werden Programme erarbeitet, die Kindertagesstätten und U3-Betreuung verschulen, um Bildungs- und Lernprozesse früh genug anzustoßen. Auch für Eltern wird der Druck spürbarer. Je eher mein Kind bestimmte Fähigkeiten erlernt, desto bessere Chancen hat es im späteren Leben. Als Folge dessen werden Kinder zeitnah für Musikschul- und Englischkurse oder im Sportverein angemeldet. Nicht selten werden zu Hause mit Lernspielen und -apps kognitive Fähigkeiten geübt, um Entwicklung zu beschleunigen und Rückständen vorzubeugen.

Wir wollen mit diesem Buch entschleunigen. Was uns in der Frühförderstelle *Haus des Kindes* im Frankfurter Stadtteil Niederursel als Tendenz bei fast allen Kindern auffällt, ist, dass in gängigen Bildungsprogrammen zwar frühzeitig der Kopf angesprochen wird, aber häufig ganzheitliches Erleben zu kurz kommt. Zugunsten verfrühter intellektueller Fähigkeiten geht die «gesunde Basis» verloren, die es braucht, um später überhaupt gut lernen zu können. Und dabei geht es in den Lebensjahren vor der Schule darum, sich selbst und die Welt tätig zu erfahren, daran seinen Leib aufzubauen und in der Entwicklung des Körpers und des Gehirns um eins – *Vor allem Sinne*.

In der Sinneserfahrung liegt der ganzheitliche Weg von Entwicklung. Hier braucht es mehr als nur audiovisuelle Stimulation von digitalen Lernangeboten, mehr als nur Scheren und Papier und Ausmalen, um auf die Schullaufbahn vorzubereiten. Es braucht Resilienz, Selbstwertgefühl und Sozialkompetenz, aufgebaut und erfahren durch Erlebnisse, die mit so vielen sinnlichen Eindrücken wie möglich nachhaltig und spürbar verändern, wie ein Kind in der Welt steht.

Als die Gründungspersönlichkeiten Claudia Grah-Wittich und Stefan Krauch Anfang 2023 nach 25 Jahren *Haus des Kindes* die Leitung der Frühförderstelle in die Hände der neuen Generation übergegeben haben, ist die Idee für dieses Buch entstanden. Nicht nur als Erkenntnissammlung, sondern als Impuls für die weitergehende Arbeit, nicht nur für uns in der Frühförderstelle, sondern auch in Kindertagesstätten und zu Hause in den Familien.

Das Buch ist dafür in drei Teile gegliedert. Der erste Teil widmet sich der Geschichte der Frühförderstelle *Haus des Kindes*. Wie ist die Einrichtung entstanden, was war der Gründungsimpuls, die Absicht unserer Arbeit, und wie entwickelte sich daraus eine Methodik?

Der zweite Teil befasst sich mit dem theoretischen Hintergrund unserer pädagogisch-therapeutischen Arbeit. Zuerst wird das Menschenbild beschrieben, welches unserer Arbeit zugrunde liegt. Es geht um die Grundbedürfnisse nach Bindung und nach Exploration sowie eine differenzierte Phänomenologie des Menschen auf Grundlage der anthroposophischen Menschenkunde. Nach einem kurzen Überblick über die Sinneslehre Rudolf Steiners folgt eine ausführliche Erläuterung der für die kindliche Entwicklung essenziellen Basis-Sinne: der Tastsinn, Lebenssinn, Bewegungssinn und der Gleichgewichtssinn. Sie bilden den Schwerpunkt dieses Abschnittes und sind zentrales Thema in diesem Buch. Jeder der vier Sinne wird ausführlich vorgestellt, angefangen von den organischen Grundlagen, über die Pflege des jeweiligen Sinnes, seiner seelisch erlebbaren Wirkung, möglichen Beobachtungen sowie Verhaltensauffälligkeiten bei Störungen in seiner Entwicklung, und abgeschlossen mit Reflexionsfragen zur eigenen Leiblichkeit. Weiterhin wird auf die Auseinandersetzung und Verinnerlichung einer pädagogischen Haltung eingegangen, als Schlüssel, um Kinder gut in ihrer Entwicklung zu unterstützen. Abschließend stellen wir einen Ansatz zum Verstehen von kindlichem Verhalten vor. Jenseits von offensichtlichen Gründen für besondere Verhaltensweisen von Kindern kann uns die Resonanz, welche im Zusammensein mit dem Kind zwangsläufig entsteht, Anhaltspunkte zum Verstehen geben.

Danach widmen wir uns dem Herzstück des Buches. Wir haben aus der gesammelten Erfahrung der Einrichtung Ideen und Anregungen festgehalten, welche die Entwicklung und Pflege der basalen Sinne unterstützen und somit zu einer gesunden Kindheit beitragen. Dabei sind insgesamt 27 Praxis-Module zusammengekommen, für therapeutische Einrichtungen, für die Kolleginnen und Kollegen in der Kindertagesbetreuung oder für zu Hause. In diesem Sinne wünschen wir viel Freude beim Lesen, aber vor allem beim Ausprobieren!

Claudia Grah-Wittich, Stefan Krauch,
Annika Kern, Christian Forss

Ein *Haus des Kindes* oder *Wie alles begann ...*

Finde deinen Stein und er wird zu einem Ereignis.

Mitte der 90-er Jahre wurden wir im Rahmen der Kultur- und Stadtteilinitiative *der hof* in Frankfurt-Niederursel von den Kolleginnen im benachbarten Waldorfkindergarten angefragt. Wir sollten in die Gruppen des Kindergartens kommen, um für die verhaltens- und entwicklungsauffälligen Kinder etwas zu tun. Gewünscht war eine regelmäßige Zusammenarbeit zur Verbesserung der pädagogischen Gesamtsituation in den Gruppen. Der geregelte Kindergartenablauf mit seinem Rhythmus und seinen festen Elementen war insbesondere für viele Jungen schwer erträglich. Sie tanzten ständig aus der Reihe.

Die intuitive Konsequenz für uns war, dass wir mit diesen Kindern in die benachbarte Wiesen- und Bachnatur gingen, um dort im Kontakt mit den Kindern nach ganz anderen Tätigkeiten zu suchen. Aus diesem zunächst experimentellen Arbeiten mit einzelnen Kindern entstand nach und nach eine Art Methode und ein Strauß von Tätigkeiten, die geeignet waren, den Kindern in ihrer körperlichen und seelischen Entwicklung Raum zu geben und ihren Bedürfnissen Sinneserfahrungen gerecht zu werden.

Ein ungewöhnlicher Therapieansatz

Letztendlich war der Maßstab für das Gelingen, dass es vor allem den Kindern - aber auch uns - Freude gemacht hat, die Welt zusammen zu entdecken. Jeder Stein, jede Pfütze gaben Anlass für therapeutische Interventionen und die Ideen dazu purzelten nur so, wenn wir den Kindern bei ihren Entdeckungen zuschauten. Die alte Kuh Momo, das letzte Tier in einem ehemaligen großen Gehöft des Ortes, wurde von uns mit den Kindern immer wieder besucht. Wir konnten dort z. B. beobachten, wie die meist unruhigen Kinder zur Ruhe kamen und ihre Ängste überwanden, wenn sie dem großen und sabbernden Kuh-Maul eine Möhre hinhielten. So experimentierten wir in Haus und Hof, Natur und Werkstatt. Wir nutzten das Leben, um uns zusammen mit den Kindern mit ganz realen Dingen und Tätigkeiten zu beschäftigen. So viel wie möglich galt es, die Sinne der Kinder in der Eigenerfahrung anzuregen.

Aus dieser therapeutischen Einzelarbeit im Auftrag des Kindergartens und den sich häufenden Anfragen von Familien, die an uns herangetreten waren und ihre Kinder zur Einzelförderung bringen wollten, entstand dann über mehrere Jahre hinweg die Einrichtung einer

Frühförderstelle im Rahmen der Kultur- und Stadtteilinitiative *der hof* Frankfurt-Niederursel. Zunächst in ganz provisorischen, sehr bescheidenen Räumlichkeiten, aber von Anfang an mit dem Freude und Wärme gebenden inneren Bild eines *Hauses des Kindes*.

Mit der Genehmigung des Sozialamts der Stadt Frankfurt, zunächst zehn Kinder parallel behandeln zu dürfen, wurden wir mit einem ungewöhnlichen, weil anthroposophischen, Konzept in die Reihe der hessischen Frühförderstellen aufgenommen. Eine sehr sinnvolle, kommunal finanzierte Förderung, um Kinder mit Behinderung oder von Behinderung bedroht im Vorschulalter zu fördern.

Die Einbeziehung der Eltern und die eigene Schulung

Die Kooperation mit den Eltern der Kinder gehörte von Anfang an zu den wesentlichen Faktoren des *Haus des Kindes*. Wir führten viele Elternseminare zu Fragen der Erziehung am *hof* durch. Mit der Methode von Wahrnehmungsübungen machten wir die grundlegende Erfahrung, dass es uns heute allgemein überhaupt nicht leichtfällt, eine saubere Beschreibung eines Tatbestandes zu liefern. In aller Regel sind wir beim Wahrnehmen überwiegend mit subjektiven Urteilen und den eigenen Emotionen beschäftigt. Wir waren erschrocken, wie wenig unterschieden wurde zwischen dem, was gesehen und was gefühlt und gedacht wird. Als Therapeuten haben wir uns auch immer bestätigt gesehen, wie sich Urteile und Emotionen verzerrend auf die Sicht der eigenen Kinder auswirken können, wenn Wahrnehmungen und emotionale Anteile nicht unterschieden werden.

So haben wir uns in unserer Arbeit verstärkt durch Bildbetrachtungen darin geschult, ein Bild so exakt wie möglich sprechen zu lassen, ohne urteilende Vorstellungen hinzuzubringen. Die Übung der Bildbetrachtung dann auf die Wahrnehmung der Kinder zu übertragen, hatte einen bedeutsamen Stellenwert für unsere Arbeit, weil sich hier der methodische Schritt bis heute bewährt hat: Das Kind in seinem Sein so genau wie möglich und von vielen Seiten zu betrachten, ohne subjektive oder vorschnelle Urteile zu fällen. Erst nach diesem reichen Bild exakter Wahrnehmung kann ich im zweiten Schritt über die Qualität des gewonnenen Bildes einen Bezug herstellen zum eigenen Erleben: Was spricht da zu mir? Was enthält das Gesamtbild? Erst dann kann ein dritter Schritt gelingen und sich der Zusammenhang eröffnen: Was fehlt? Was ist nicht in Balance oder im Einklang?

Grundlage für eine solche Systematik für die Unterscheidung der reinen Wahrnehmung und der behutsamen Urteilsbildung war unsere Verbundenheit mit Rudolf Steiners Grundwerk «Die Philosophie der Freiheit» und dem dort aufgezeigten Erkenntnis- und Freiheitsweg. Sein Ansatz, dass sich der Mensch zu einem aus Erkenntnis Handelnden entwickeln kann, war uns eine Herausforderung für die ganz praktische Arbeit mit den Kindern. Diese forschende Erkenntnisarbeit hat uns immer wieder beflügelt und geschult, in dieser anderen Art und Weise auch auf die Kinder zu schauen.

Warum nicht ein pädagogisch-therapeutisches Zentrum?

Aus der Einzelarbeit mit den Kindern in der Frühförderung, durch die Weiterbildung für Fachleute zum Thema «Eltern beraten» und «Kinder NEU sehen lernen» entstand die Idee, ein Pädagogisch-therapeutisches Zentrum zu schaffen, um ein umfassendes interdisziplinäres Angebot für Familien und Kinder an einem Ort zu schaffen. Die zunächst schwierig erscheinende Suche nach geeigneten Räumlichkeiten in

unserer Nähe wurde dadurch abgekürzt, dass die Nachbarin des *hofes* uns anrief, und fragte, ob wir nicht den unmittelbar benachbarten ehemaligen Bauernhof für einen guten Zweck um- und ausbauen wollten. So entstand, benannt nach der Hausnummer, der *Hof 53*, das pädagogisch-therapeutische Zentrum in Niederursel. Eine Ärztin, eine Hebamme, Kunsttherapie und Heileurythmie gesellten sich Zug um Zug hinzu, und wir wuchsen zu einem interdisziplinären Team zusammen, immer auf der Suche nach neuen, geeigneten Methoden für die Familien. In den Räumen des Gehöfts entwickelte sich auch eine der ersten Krippen auf der Basis des anthroposophischen Menschenbildes und den Forschungen einer Vorreiterin in der Kleinkindbetreuung, der ungarischen Ärztin Emmi Pikler.

Es war ein Anspruch in der Gestaltung des Zentrums, einerseits die kräftigen, alten Balken in der Scheune, die Backsteine, viele wunderbare Eisenringe und alte Elemente im *Hof 53* zu erhalten und gleichzeitig moderne Baumaterialien zu verwenden. Dank unseres

begabten Architekten wurde der *Hof 53* letztendlich zu einem Gesamtkunstwerk. Wir konnten selber gestalten, was Kinder und Familien brauchen zum Wohlfühlen, zum Erwärmen und Durchhalten für alles, was das Schicksal oft auch an Widrigkeiten mit sich bringt. Der Außen- und Naturraum wurde zum Vorbild für die Sinneserfahrungen im Innenraum. Wir entwickelten Sinnes-Erfahrungs-Felder, die ihren Höhepunkt hatten in der «Roten Achse», einem Sinnes-Parcours für Erwachsene, der bis heute in der Laufenmühle in Welzheim und auf Kongressen zu bespielen ist.

Wachstum bis heute

Schon in der Entstehung vom Verein *Haus des Kindes* hat es sehr viele sogenannte «Zufälle» gegeben, die dieses Projekt wie von außen unterstützt haben. Nicht nur, dass uns der Nachbarhof angeboten wurde, auch die finanziellen Mittel und das benötigte Know-how stellten sich Schritt für Schritt wie von selbst ein. Das Projekt war offensichtlich von der Welt gewollt, denn es kamen die notwendigen Ideen, Unterstützung und Hilfen immer zur rechten Zeit. Auch hat es uns keinen Moment zurückschrecken lassen, dass wir aus anderen erlernten Berufen kamen und es dann für die Anerkennung nötig war, sich umzuschulen.

Darin liegt ein Motiv, das im Verlauf des Buches wieder auftauchen wird: Nicht ich als Therapeutin oder Therapeut, Pädagoge oder Pädagogin bestimme, nicht aus einem strammen Programm oder einer festen Vorstellung entwickelt sich Förderung und Heilung, sondern aus der Gegenwärtigkeit des Zusammenseins wird sich der nächste richtige Schritt ergeben.

So waren wir zunächst zwei Mitarbeitende. Mit der Zeit haben wir mit großer Freude Praktikantinnen und Praktikanten aufgenommen, da uns die interessierten, offenen jungen Menschen begeisterten und uns unsere eigene Arbeit reflektieren ließen. Das heutige Team vom *Haus des Kindes e. V.* mit rund 12 Mitarbeitenden hat sich so zusammengesetzt, dass viele, die ursprünglich nur ein kurzes Praktikum absolvieren wollten, geblieben sind. Und da gleichzeitig immer mehr Kinder und Familien kamen, ist das *Haus des Kindes* inzwischen eine Institution geworden, die rund 180 Familien in der Woche betreut. Unserem dreiköpfigen Vorstand, den Kolleginnen und Kollegen der Frühförderstelle und des *hofes*, der Unterstützung der Medizinischen Sektion am Goetheanum und vielen Freunden und Freundinnen wie auch unseren Familien gilt ein großer Dank, dass dieses Lebenswerk ermöglicht werden konnte.

Nach mehr als 21 Jahren Arbeit des *Haus des Kindes* und dem Generationenwechsel von der Gründungsgeneration an die jetzt tätig Mitwirkenden sollen mit diesem Buch die Frühförder-Ideen dokumentiert und der Allgemeinheit durch unser Autorenteam der neuen Generation zugänglich gemacht werden.

Claudia Grah-Wittich und Stefan Krauch

Praxen & Therapie
pädagogisch-therap. Zentrum
Küche
hof Café

Kinder und Eltern heute – Wo setzen wir an?

«Alles wirkliche Leben ist Begegnung.»
Martin Buber

Individuell-einzigartig und zugleich verloren wirken viele Eltern, die gegenwärtig Hilfe für ihre Kinder und ihre familiäre Situation in unserer Fördereinrichtung suchen. Die Nachfrage kommt aus allen Schichten der Bevölkerung. Es scheint, als hätten die Familien ihre Orientierung verloren. Das meiste, was gewusst, gelesen oder gegoogelt wurde, hilft in der eigenen Situation nicht.

Werden uns die Kinder in der Frühförderstelle vorgestellt, erleben wir sie oft ähnlich orientierungslos, in sich selbst, ihren Verhaltensmustern und in ihrer Umgebung. Sie wirken entfremdet in dreierlei Hinsicht:

- Im Verhältnis zum eigenen Leib, seiner Vitalität, der Bewegung und dem Vermögen der Balance sowie dem Spüren der eigenen Grenze zur Welt
- In der Kommunikation mit der Umwelt, besonders der Fähigkeit, die eigenen Bedürfnisse angemessen zu äußern
- Von einer Gesellschaft, die dem Kind-Sein immer weniger Räume bietet, in der reizüberflutende Angebote und die Omnipräsenz digitaler Medien zur Tagesordnung gehören.

Alles wirkliche Leben ist Begegnung – Ansätze gegen die Abwärtsspirale

Was ist zu tun? Hilfesuchende Eltern haben vieles ausprobiert. Sie überraschen mit ihrem autodidaktisch erworbenem medizinisch-therapeutischen und psychologischen Wissen, das dennoch oft nicht zielführend ist. Unter Umständen hat auch, was andere Fachdisziplinen bereits geraten haben, nicht geholfen. Es droht eine Abwärtsspirale aus Unzufriedenheit, Leidensdruck und Angst. Über die Zivilisationserscheinungen und gesellschaftlichen Zustände zu klagen hat dabei auch keinen wirklichen Sinn.

Als Fachkräfte möchten wir zunächst entlasten, die Situation, die Kinder und ihre Eltern! Wichtig ist, den Eltern keine Schuldgefühle für die entstandene Situation zu vermitteln, sondern Orientierung, Unterstützung und Anregungen zu geben, wie sie mit ihren Kindern wieder zu einem beziehungsgetragenen Zusammensein finden können. In der Familie wird dafür der Blick aufs Kind entscheidend. Können die Eltern wahrnehmen, wie es tatsächlich ist? Können sie wieder Freude daran entwickeln, wie Kinder sich mit großartiger Kreativität und Originalität die Welt zu eigen machen? Vorausgesetzt, sie werden dabei nicht gestört.

Jegliche Veränderungen in der Beziehung zwischen Menschen brauchen Zeit. Es geht daher in unserer Arbeit nicht um schnelle Lösungen, sondern darum, den Kindern und ihren Eltern als Mensch zu begegnen. In der Begegnung kann ein Raum entstehen, in dem zunächst nur Fragen bewegt werden: Wie fühlt sich das Leben wieder besser an? Können glückliche und gelungene Momente wieder überwiegen?

Zur Entlastung kann der Gedanke beitragen, dass Eltern in den allermeisten Fällen die «richtigen Eltern» für ihr Kind sind. Im Verständnis der Anthroposophie suchen sich die Kinder ihre Eltern und die damit verbundene Lebenssituation aus. Eine Ausgangslage, die sie oft noch länger im Leben umarbeiten und individualisieren müssen. Das eigene Kind so zu empfangen und anzunehmen, wie es in die Welt geboren wurde und sich weiter in dieser entwickelt, schafft Entlastung, auch wenn es unter Umständen kein einfacher Schritt ist.

Wertschätzung – ein Weg zur Veränderung

Jede Erscheinung, die uns entgegentritt, kann uns zur Aufgabe werden. (Steiner 1894, 10) Ergreifen wir sie, sind wir selber die Lösung. Auf dieses selbstwirksame Prinzip konzentriert sich die Bemühung der Frühförderung. Sich angenommen und anerkannt zu fühlen ist die Voraussetzung für jeden Veränderungsprozess. Es ist daher nötig, immer mehr auf die Potenziale und nicht auf die Defizite zu schauen.

Das gilt auch für Kinder, deren Sprache wir nicht verstehen oder die nicht mit uns sprechen wollen, für Kinder, die aggressiv oder übergriffig sind, schreien oder unachtsam mit Gegenständen umgehen.

Eine Behinderung oder Krankheit eines Kindes wirft die Frage nach seinem besonderen Schicksal auf, in dem es durch die auftretenden Einschränkungen einen einzigartigen Weg zu gehen hat. Oft ist es erschütternd eindrücklich zu beobachten, welche Ausdauer und Kraft, welchen Willen ein Kind mitbringt, z. B. eine vorhandene Entwicklungseinschränkung zu überwinden.

Gleichzeitig ist jede Behinderung oder Krankheit auch eine immense Herausforderung für die Umgebung. Sie muss daran lernen, sich anpassen und verändern. Durch sie entstehen neue Anregungen, Impulse und andere Lebenswege. Verantwortung und Schicksalsfragen bilden das wahre Menschliche aus – und als Gegenüber wird man mit den großen Lebens- und Seinsfragen in Berührung gebracht.

Jedes Kind ist einzigartig

Jedes Kind bringt besondere Fähigkeiten mit. Zum Beispiel das kleine, dreijährige Mädchen, das nicht mit uns in Kontakt kommt, nicht sprechen kann und uns auffällt durch stark autistische Züge. Die Unsicherheiten, Rat- und Hilflosigkeit, die dadurch zuweilen auch bei uns Fachkräften auftauchen kann, ist berechtigt und darf erlebt werden. Durch die Akzeptanz der Situation eröffnet sich ein neuer Blick. Das Mädchen zeigt uns, dass es springen kann, dass es Bälle mag, dass es sich gerne und viel bewegt. Wir machen uns in dieser Situation nicht zu

Rettenden, sondern zu Mit-Erlebenden, und bieten dem Gegenüber einen gemeinsamen Prozess an.

Einzig und allein, wenn wir uns auf all das einlassen, was zunächst einmal ungewöhnlich oder fremd ist, und nicht aufgeben, bahnen wir Entwicklung an. Wenn wir nicht an oberflächlichen Lösungen interessiert sind, sondern in der hilflosen Präsenz verharren und so lange vertrauensvoll weitermachen, bis etwas als Resonanz auftaucht, dann können wir versuchen, dem eine Stimme zu geben und uns so mit dem Verhalten des Kindes verbinden.

Allein schon diese Bemühung wird eine Verwandlung ergeben, ob bei uns oder beim Kind. Es kann sein, dass das Bild der unruhigen Bewegung plötzlich als Entwicklungs-Ressource des Kindes auftaucht und nicht als Störung. Dann erwärmen wir uns, sind Teil des Geschehens und stellen uns diesem nicht mehr gegenüber. Es könnte auch sein, dass wir anfangen müssen, mit dem Kind mitzuspielen, um zu erleben, wie es sich innerlich anfühlt und dann zu verstehen.

Auch hier gibt es kein Programm. Wenn wir Glück haben, können die Bälle, die wild durch den Raum fliegen, am Ende einer Frühförderstunde zu einem ersten Hin- und Her-Rollen führen. Das ist das Ergebnis eines Prozesses, an dem wir beide beteiligt waren. Aus einer scheinbar hoffnungslosen Stunde wird eine erste Ich-Du-Begegnung. Aus der erlebten Ohnmacht wächst ein zartes Pflänzchen, der Keim für alle nachfolgenden Entwicklungen.

Die Angst überwinden

Das größte Hemmnis jeder Entwicklung ist die Angst. Sie ist immer ein schlechter Nährboden für offene und zu gestaltende Prozesse. Eltern haben oft die nachvollziehbare Sorge, ein Zeitfenster gehe in der Entwicklung zu, wenn ein Kind sich nicht rechtzeitig dreht, krabbelt oder selbstständig steht. Die Frage, die uns dagegen bewegt ist: Warum wählt ein Kind bestimmte Verhaltensweisen? Welcher Entwicklungsschritt steht an? Die Aufgabe ist, dem Kind für seine Bedürfnisse, die es uns zeigt, Verständnis entgegenzubringen, damit es sich richtig fühlt und einen Platz auf dieser Welt bekommt. Einfühlen, mich jedes Urteils oder des Wunsches nach Verbesserung enthalten, einzig einen offenen Raum entstehen lassen, das kann unter Umständen zu ganz neuen Lösungswegen führen.

Demgegenüber ist es nicht unser Anliegen, gesellschaftlichen Normwerten nachzujagen. Auch das Bestreben, sich noch schneller entwickeln zu wollen, um in einer Art Wettbewerb mithalten zu können, wollen wir nicht unterstützen. Diese Dynamik erachten wir als krankmachend und behindert ein Handeln aus intrinsischen Motiven. Sie ist auf Angst gebaut, entmutigt und ist nicht nachhaltig.

Die besonderen Fähigkeiten und der Ansatzpunkt einer Entwicklung

Viele verhaltensauffällige und auch entwicklungsverzögerte Kinder sind in ihrem Bezug zur Welt verunsichert. Sie fühlen sich isoliert und von der Umwelt nicht verstanden. Gleichzeitig ist es Ur-Bedürfnis und Fähigkeit eines jeden Menschen, wieder in Kontakt zu kommen, sowohl mit der Welt als auch mit den Menschen. In offene Prozesse einzusteigen und nicht auszusteigen schafft unvorhergesehene Entwicklung. Aus jeder echten Begegnung entsteht an irgendeiner Stelle ein Fünkchen Hoffnung und Freude, an das wir so anknüpfen können, dass es von beiden Seiten innerlich erlebbar ist.

Zunächst scheint diese Methode wie ein Verzicht. Heutzutage sind wir gewohnt, immer nach Konzepten, Programmen und Mitteln zu fragen. Eine Chance für die

Entwicklung allerdings ist es, wenn wir erleben, wie die «Mittel zerfallen und die Begegnung unmittelbar wird». (Buber 2023, 17 f.) Denn im Moment der Begegnung tritt jegliche Norm-Vorstellung zurück, das individuelle Bild des Menschen tritt hervor und so wird die Situation einzigartig und zu einem noch nie dagewesenen Moment. Dieser muss situativ gestaltet werden, da es keine generellen Lösungen gibt.

Auch wenn jede Therapie einen Anfang und ein Ende hat und - wie in den folgenden Kapiteln beschrieben - Gesichtspunkte zur Entwicklung des Kindes notwendigerweise erarbeitet werden müssen, es also durchaus in diesem therapeutisch-pädagogischen Prozess eine Struktur gibt, sind jedoch die Angebote, die Kindern jeweils gemacht werden, aus innerer Reflexion jeweils einmalig und «am Kind» entstanden. Das geschieht dadurch, dass wir uns zu dem vorgefundenen Verhalten in eine konkrete individuelle Beziehung setzen. Durch den bewussten Gestaltungsprozess, der auch für uns selber in einer Frühförderstunde voller Überraschungen sein kann, ist diese Art zu arbeiten beflügelnd und begeisternd. Sie ist von allen Beteiligten gemeinsam ein kleines Schöpferwerk, ein lebendiger, organischer Prozess. Jede Begegnung, wenn sie wie eine erste, noch nie dagewesene erlebt wird, ist ein Ereignis. Das Kind spricht nicht mit mir, will nicht mit mir gehen oder springt mir im Gegenteil entgegen, schreit, versteckt sich hinter der Mutter oder viele andere Möglichkeiten mehr. Nur durch einen wertschätzenden Umgang mit dieser Situation und dem festen Willen, dennoch im Kontakt zu bleiben, entsteht irgendwann die Brücke. Sie in Ruhe anzustreben, entspricht der Würde, die jedem Menschen zusteht. Die Verantwortung dazu liegt bei den Erwachsenen. *«Wenn ich bin, kannst du werden»* - das ist das Motto unserer Arbeit und der Ausgangspunkt.

Menschenkundliche Grundlagen

Kinder *NEU* sehen lernen

Die tätigen Glieder, der individuelle warme Bezug zur Tätigkeit erzeugen den Zusammenhang.

Wie treten wir einem Kind gegenüber? Erlebe ich seine Einzigartigkeit? Frage ich: Wer bist Du?, Wo kommst Du her?, Wo willst Du hin?, Was haben wir miteinander zu tun? – In einem solchen inneren Dialog begegnen wir einem ganz individuellen «Ich» in jedem Kind. Deshalb gilt: in der Beziehung zwischen Erwachsenen und Kindern, das Kind immer wieder *neu* in seiner Einzigartigkeit sehen zu lernen. Wichtig ist nicht nur seine körperliche Erscheinung, sondern vor allem sein sich zart äußerndes seelisches Wesen mit seiner individuellen Biografie. So kommt jedes Kind mit einem eigenen Schicksalsgewebe auf die Erde. Es bringt bestimmte Begabungen oder Belastungen mit, welche als «keimhafte Anlage» für die Gestaltung seines Lebens dienen. (Patzlaff et al. 2016, 8) Alle neuen Erfahrungen formen das Kind.

In vielen Religionen und Glaubensrichtungen findet sich die Überzeugung wieder, dass ein Teil des Menschen nicht einfach mit dem Tod verschwindet. Für manche scheint es sogar möglich, dass dieser seelisch-geistige Anteil in einem neuen Leben wiedergeboren wird. So entsteht die Hypothese, dass das «Ich» das Zentrum einer individuellen Biografie bildet, die aus bereits durchlebten Erdenleben entstanden ist und als Vorbereitung auf ein mögliches nächstes Erdenleben dient, in dem es immer wieder neue Verhältnisse und Aufgaben zum Ziel der Menschwerdung vorfinden wird.

Selbstbildungsprozesse anregen

Auch wer diese spirituelle Überzeugung einer Reinkarnation nicht teilt, kann vielleicht die Vorstellung zulassen, dass jedes Kind mit einem Vorhaben auf die Welt kommt, wobei das Ich als Träger der Lebensintention gilt. (Patzlaff et al. 2016, 8) Das Recht auf Bildung, die darauf abzielt, dass das Kind seine Persönlichkeit und Fähigkeiten voll entfalten kann, ist in den Kinder- und Menschenrechten der UN verankert. (Art. 29 Abs. 1a KRK)

Zugleich aber ist das Kind zu Anfang vollkommen auf die Erwachsenen und ihre Fürsorge angewiesen. Die Pflege seines leiblichen, kulturellen und sozialen Umfeldes prägt seine Individualität ebenso wie seine mitgebrachten Intentionen. Daraus folgt, dass für den Gestaltungswillen des Kindes ein kreativer, freier und autonomer Entwicklungsraum zur Verfügung stehen sollte. Alles, was das Kind selber tut, im Spiel und in der Bewegungsentwicklung gestaltet, wiederholt und variiert, steht ihm ein Leben lang als erworbene Fähigkeit zur Verfügung. Bereits der französische Schriftsteller und Hochschullehrer Jacques Lusseyran machte deutlich, dass «das Ich sich ausschließlich von den Bewegungen, die es selber macht [ernährt]. Solche, die andere an seiner Stelle machen, sind ihm nicht nur keine

Hilfe, sondern schwächen es nur.» (Lusseyran 1971, 12 ff.) Das Leben beginnt mit der Tat - das Kind kreiert sich allmählich selbst durch das, was es *tut* - und dies führt zu seiner späteren Selbstbestimmung.

Für uns Erwachsene bedeutet das, für das Kind eine Umgebung zu schaffen, in der es tätig sich mit seinem Bewegungs- und Spieltrieb entwickeln kann. Erstaunlich ist es immer wieder, wenn wir dann Kinder beobachten, wie sie in diesem Bereich konzentriert und völlig zufrieden für sich sind, wenn wir sie nicht stören. Dem mitgebrachten Grundbedürfnis des kleinen Kindes zur Erforschung seiner Umgebung, der Exploration, steht ein zweites Grundbedürfnis gegenüber: Für die lebenslange Selbstbestimmung und den entscheidenden Gestaltungswillen ist am Lebensanfang eine tragfähige und verlässliche Bindung zu mindestens einer Bezugsperson wesentlich. Sicher geborgen ist die Exploration für das Kind leichter, gar genussvoller, zu entwickeln als in einer Umgebung von Angst und Unsicherheit. Alles, was Kinder als kulturelle und lebenspraktische Fertigkeiten lernen müssen, wie z. B. das Essen, sich an- und ausziehen, die Versorgung erlernen sie im Zusammensein mit den Erwachsenen. Dieses Grundbedürfnis eines jeden Menschen nach Bindung, Vertrauen, Liebe und Geborgenheit wird im Zusammensein mit dem Kind erfüllt.

Die wichtigste und erste Umgebung sind die Erwachsenen

Wenn wir so immer wieder *neu* auf Kinder blicken und versuchen, sie auch *neu* zu sehen, und wenn wir bereit sind, geeignete Entwicklungsräume zur Verfügung zu stellen, dann werden wir mehr und mehr wach dafür, was Kinder uns lehren. Ein erwachsener Mensch kann sich so von dem Bild lösen, «für Kinder etwas zu tun», sondern er lässt sich auf einen gemeinsam zu gestaltenden, neu zu kreierenden Entwicklungsprozess ein.

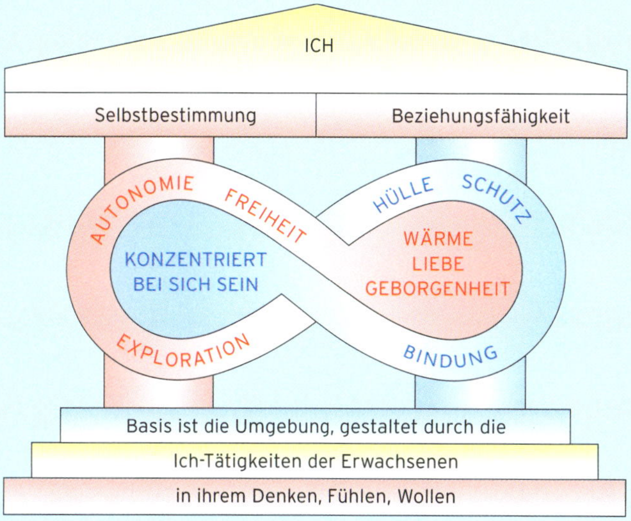

Jedes Kind muss den von den Eltern geerbten Leib in den ersten etwa sieben Lebensjahren individualisieren. Dazu hilft entscheidend die Bewegungs- und Spielentwicklung in der von den Bezugspersonen gestalteten Umgebung des Kindes. Das Kind folgt instinktiv den in seiner Natur liegenden Entwicklungsschritten. Dafür braucht es einen von den Erwachsenen gestalteten, schützenden Raum, da die Kinder Gefahren noch nicht überblicken und sich noch nicht selber versorgen können.

Wie im Verlauf des Buches deutlich wird, geht es in der Förderung der Kinder auf der einen Seite um die Bindung zwischen den Erwachsenen und dem Kind. Das wiederum ermöglicht die Selbstentwicklung des Kindes, seine Erforschung der Umwelt, seine autonome Exploration. In Zukunft werden die Erwachsenen, die Eltern, die Bezugspersonen in Betreuungseinrichtungen immer mehr ihr Denken, Fühlen und Wollen auf ein solches Zusammensein mit Kindern ausrichten müssen, wenn sie sich dem Kind gegenüber verantwortlich zeigen wollen.

Eine differenzierte Betrachtung des menschlichen Wesens

In Pädagogik und Therapie ist es von großer Bedeutung, welches Bild wir vom Menschen haben. Denn nur so kommen wir zu einer klaren Diagnostik und damit auch zu pädagogisch-therapeutischen und medizinischen Interventionen. Der Mensch lässt sich nicht nur rein physisch, sondern *ganzheitlich* betrachten, d. h. er besteht nicht nur aus physischer Materie, sondern ist auch ein seelisch und geistig agierendes Wesen. Alle drei Seins-Bezüge gehören zu unserer Individualität: Die Bewusstseinstätigkeit und die Fähigkeiten des Denkens gehören zu unserer geistigen Natur. Das Vermögen zu fühlen und zu wollen gehört zu unserer Seele, und beide Seins-Bezüge sind eng mit unserer physischen Natur verbunden.

Entwicklung des physischen Leibes

Der Körper oder Leib ist die physische Dimension, die sich in der Schwangerschaft mit allen Anlagen und Organen ausbildet. Das Ungeborene befindet sich dabei zunächst in einem Abhängigkeitsverhältnis zu seiner Umgebung, dem mütterlichen Organismus. Nach der Geburt müssen die Erwachsenen die jeweiligen Bedingungen herstellen, die das Kind für seine Entwicklung braucht. (Steiner 1991, 59 f.) Sie müssen fortsetzen, was die Natur des Menschen während der Schwangerschaft an der Entwicklung des physischen Leibes gebildet hat. Alles was nach der Geburt aus der Umgebung an das Kind herangetragen wird und was es durch die Sinne aufnimmt, gestaltet seinen Leib.

Entwicklung der Lebenskräfte in den ersten sieben Lebensjahren

Rein seiner materiellen Zusammensetzung nach ist der Körper des Menschen nicht lebendig. Entweicht aus ihm das Leben, so zerfällt er in die Mineralstoffe. Wir sind demnach von Vitalitätskräften durchdrungen, die alle rhythmischen Vorgänge des Körpers steuern, den pulsierenden Blutkreislauf, alles Wachstum und die Fortpflanzung. Die anthroposophische Menschenkunde bezeichnet diese Kräfte als Lebens- oder Ätherleib. Ihn hat der Mensch mit den Pflanzen und Tieren gemeinsam.

Diese physisch-ätherische Natur des Menschen muss sich in den ersten etwa sieben Lebensjahren zu einer verlässlichen Basis aufbauen; die Folgen in Bezug auf die Gesundheit und Vitalität zeigen sich oft erst wesentlich später in der Biografie. Das Elternhaus und die das Kind betreuenden Einrichtungen müssen die Pflege und den Aufbau der Vitalitätskräfte als Ziel vor Augen haben, um sie zu schützen und zu stärken. Einen wichtigen Beitrag dazu leistet der Rhythmus in der Tagesgestaltung. Er unterstützt die physisch-ätherische

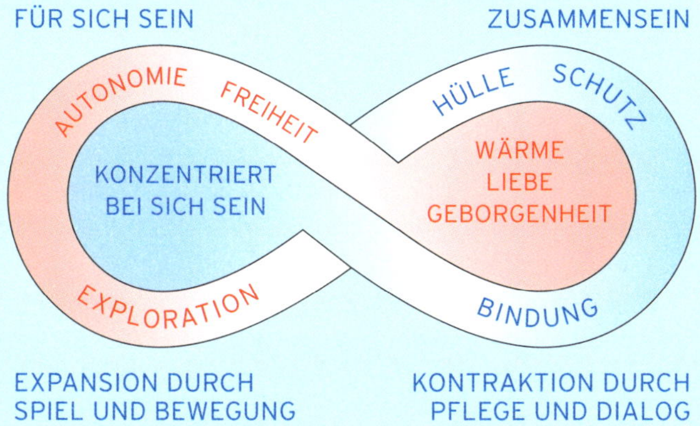

Entwicklung des Kindes im Sinne einer Verdichtung. Das Ziel ist, der Entwicklung der Persönlichkeit zu einer gesunden und verlässlichen Grundlage zu verhelfen. So wie sich der physische Körper geschützt im Mutterleib heranbildet, so muss im ersten Jahrsiebt eine Schutzhülle für die Ausgestaltung der Vitalitätskräfte gegeben sein. Dabei nimmt, vergleichbar mit der Schwangerschaftszeit, die Abhängigkeit von der Umgebung ab.

In der organischen Natur ist der Rhythmus des Lebens bestimmt durch Weiten und Zusammenziehen – am Beispiel der Pflanze vom Samen bis zur Blüte. Diese Prinzipien sind Gesten, die sich im Rhythmus des Tagesablaufes der Einrichtung widerspiegeln. Den Erziehungszielen – Selbstbestimmung und Beziehungsfähigkeit – liegen ebenfalls die Gesten der Vitalitätskräfte zugrunde: Expansion im Spiel und in der Bewegung, Kontraktion in der Beziehung und der achtsamen Pflege. Rein methodisch-didaktisch finden sich in der Gestaltung des Tagesrhythmus mit dem Wechsel zwischen freien Aktivitäts- und Beziehungszeiten somit die Prinzipien des Weitens und Zusammenziehens wieder.

Die Bindung entsteht dadurch, dass wir uns dem Kind zuwenden. Je kleiner das Kind ist, desto notwendiger ist es, es zu pflegen.

Mit der Hülle schaffen wir einen konzentrierten Raum um uns und das Kind. Der Qualität nach ist er warm.

Hier wenden wir uns dem Kind zu, bilden eine Hülle, und versorgen es mit Wärme, Liebe und Geborgenheit.

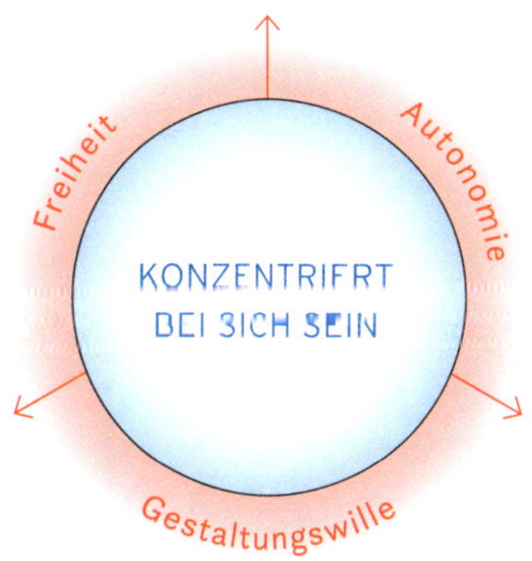

Im Spiel und in der Bewegung beobachten wir eine natürliche Konzentration des gesunden Kindes bei der Exploration.

Dies ist möglich, da die Konzentration im Zusammensein, in der Bindung veranlagt wird und sich dann zur konzentrierten Qualität in Spiel und Bewegung wandelt.

Die Seelenkräfte

In allem, was der Mensch tut und erlebt, nimmt er seine Umgebung wahr und reagiert mit inneren Erlebnissen darauf. Grundlage dieser Seelenfähigkeit ist nicht der physische oder der ätherische Leib, sondern eine noch feinstofflichere Leiblichkeit. Diese dritte Sphäre, wir bezeichnen sie als Astral- oder Empfindungsleib, gleicht derjenigen der Tierwelt. Die Triebe, Emotionen und Empfindungen sind dabei Regungen des natürlichen Seelenwesens. (Wiehl & Auer 2019, 25) Durch die Seele verbindet sich der Mensch mit den Dingen und bringt sie zu sich in Beziehung, indem er ihnen gegenüber etwas empfindet. (Steiner 1904, 21f.) Während der Leib aus der materiell-stofflichen Welt und der Geist, das Ich als Träger der Lebensintention, aus der geistigen Welt kommt, stellt die Seele die Verbindung dieser beiden Welten dar. Sie empfängt Impulse aus der körperlichen Welt durch leibliche Sinneswahrnehmungen wie auch aus der geistigen Welt durch Einfälle und Ziele. In der Seele kommt es zum Erleben von Innen und Außen, von Ich und Welt. (Lievegoed 1979, 9) Das menschliche Seelenleben wird im Denken, Fühlen und Wollen erkennbar. (Steiner 1922a, 120)

Das Ich des Menschen

Steiner spricht dem Menschen neben dem physischen Leib, dem Äther- und Astralleib noch eine vierte Daseinsform zu, die ihn von der Mineral-, Pflanzen- und Tierwelt unterscheidet. (Steiner 1904, 24) Das *Ich* bildet das «Zentrum des individuellen Menschen». (Wiehl & Auer 2019, 25) Es ist geistiger Natur und ermöglicht dem Menschen, sich zu emanzipieren, indem er sich nicht von leiblich-seelischen Impulsen leiten lässt, sondern in der Lage ist, über seine Wahrnehmungen und Handlungen nachzudenken. (Steiner 1904, 26) Der Geist befähigt den Menschen, Erkenntnisse über die Zusammenhänge der Erscheinungen in der Welt zu gewinnen. (ebd., 20ff.; Wiehl & Auer 2019, 24)

Von der Entwicklung des dreigegliederten Menschen

Der Mensch ist in dreifacher Art – physisch, seelisch und geistig – mit der Welt verbunden. Der physische Leib ist die Basis. Er bildet sich in der Schwangerschaft und nach der Geburt bis etwa zum Schuleintritt. Er wird allmählich durchdrungen von den eigenen Lebenskräften und dadurch unabhängiger von der Umgebung und den für diese zuständigen Erwachsenen.

Für die gesamte Biografie ist das verlässliche und stabile Zusammenwirken der physischen und ätherischen Kräfte von Bedeutung für die Gesundheit und den Aufbau der Seelenfähigkeiten bis zur Pubertät und danach als Vorbereitung für die Selbstständigkeit der Ich-Persönlichkeit um das 20. Lebensjahr.

Mit drei Fähigkeiten wendet sich der Mensch auf unterschiedliche Art und Weise der Welt und seinen Aufgaben zu.

- Im **Wollen** wird er aktiv und tätig – sein Leib dient ihm als Grundlage.
- Im **Fühlen** geht etwas in ihm vor, das wir nicht sehen – die Seele dient ihm als Grundlage.
- Im **Denken** erfasst er Zusammenhänge – er ist ein geistiges Wesen.

Diese drei Fähigkeiten entwickeln sich erstmals in den ersten drei Lebensjahren im Gehen, Sprechen und Denken des kleinen Kindes.

In der Frühförderung haben wir den Aufbau dieser Leibes-Entwicklung beim Kind mit im Blick. In der Diagnostik schätzen wir die Stabilität des sogenannten «unteren Menschen» in seiner physisch-ätherischen Konstitu-

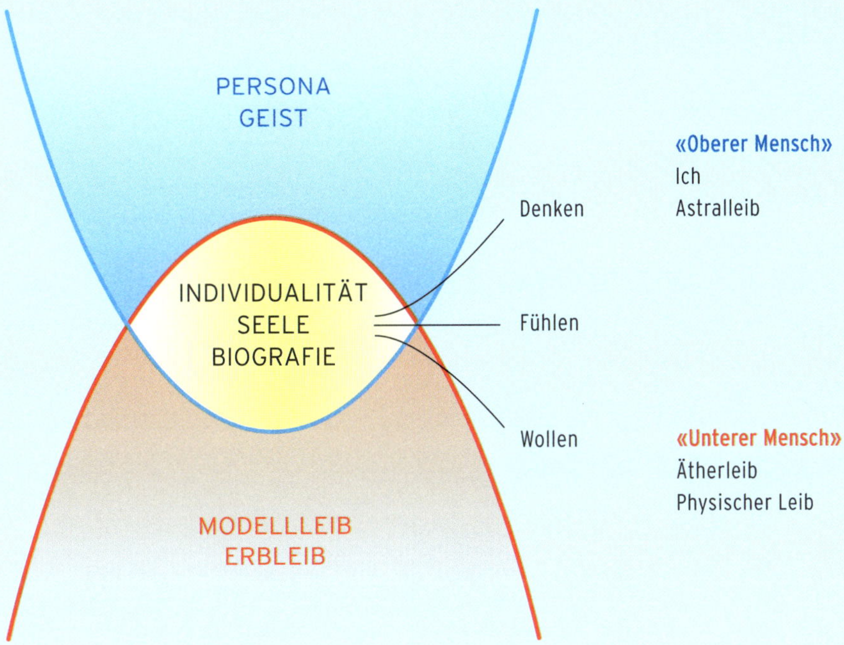

tion ein. Diese ist Grundlage für den «oberen Menschen» und schafft die Voraussetzungen für seine individuelle Entwicklung.

Die Inkarnation ist das Ergreifen und Anverwandeln des erblich und äußerlich vorgefundenen Leibes («Modellleib») durch die eigene, einzigartige Persönlichkeit. Dem Kind wollen wir Angebote machen, dass es so weit wie möglich seine Individualität ausbildet. Dies geschieht in der Frühförderung mittels autonomer, achtsamer und auf Beziehung aufgebauter, sorgfältiger Begleitung. Dabei liegt der Schwerpunkt auf der Entwicklung der Basis-Sinne, die für die frühe Kindheit entscheidend sind.

Wiederholte Tätigkeiten schaffen tiefe Spuren.

Die Sinne sind unser Tor zur Welt und vermitteln kontinuierlich Eindrücke. Sie bilden das eigene Selbst des Menschen als individuelles Ich und lassen ihn die Welt, die ihn umgibt, ertasten, erleben und allmählich begreifen. Alles, was das Kind in seiner Verbindung zur Welt erlebt, gestaltet seine inneren Organe und das Gehirn. Dabei sind die sogenannten Basis-Sinne am bedeutendsten. Sie legen den Grundstein für die weitere Entwicklung. Die Einsicht in die Bedeutung der basalen Sinne und die daraus abgeleitete Pflege werden heute durch unsere Zivilisationsverhältnisse immer stärker zu einer elementaren Notwendigkeit in der Betreuung des kleinen Kindes. Denn wenn in späteren Entwicklungsjahren Störungen auftreten, sind diese oft auf Fehlentwicklungen der basalen Sinne zurückzuführen.

Ein Hemmnis der gesunden Sinnesentwicklung sind die verpassten Angebote im Alltag. Von Anfang an nutzen Kinder naturgemäß alle Möglichkeiten in ihrer Umgebung, Dinge kennenzulernen, indem sie diese anfassen, an den Mund führen, sie drehen, wenden, auf etwas stellen, in etwas hineintun. Die Umgebung sollte dies ermöglichen. Hier sind Kinder Entdecker und Schöpfer zugleich, denn während sie tätig sind, lernen sie etwas über die Beschaffenheit der Dinge kennen und gleichzeitig bilden sie die Funktionalität ihrer Sinnessysteme aus, von den jeweiligen Sinneszellen über die Nervenbahnen bis zu den Synapsen im Gehirn.

Ein erster Überblick über die zwölf Sinne des Menschen

Im frühesten pädagogischen Vortrag Rudolf Steiners wird das kleine Kind im ersten Jahrsiebt ganz als Sinneswesen beschrieben. (Steiner 1922b, 58) Stellt man allgemein die Frage, wie viele Sinne der Mensch hat, werden zumeist fünf Sinne aufgezählt: Geschmacks-, Geruchs-, Hör-, Seh- und Tastsinn. Das sind auch die Sinne, für die sich zugehörige Organe zeigen. In der medizinischen Forschung sind darüber hinaus weitere Sinne identifiziert worden, z. B. der Gleichgewichtssinn und der Temperatur- oder Wärmesinn. Rudolf Steiner charakterisiert noch fünf weitere Sinne des Menschen. Die Unterscheidung dieser Sinne erfolgt hierbei nicht durch die Zuordnung zu unterschiedlichen Sinnesorganen oder -rezeptoren, wie es aus naturwissenschaftlicher Sicht geschieht, sondern durch ihre jeweiligen Erfahrungsfelder. (Auer 2014, 13) Das setzt eine geschulte innere Wahrnehmung voraus, um die Sinne voneinander zu unterscheiden. Drei große Erfahrungsfelder beziehen sich auf die eigene Leiblichkeit, die Gefühle im Kontakt mit der unmittelbaren Umwelt und das Verstehen der Welt. Daraus ergeben sich drei Gruppen – die unteren Sinne oder Basis-Sinne, die mittleren Sinne und die oberen Sinne – bestehend aus jeweils vier Sinnen. (Aeppli 1996, 37)

Zuerst verkörpert sich der Mensch im eigenen Leib
Untere Sinne als Basis-Sinne = Leibessinne

Dann tritt er empfindend der Welt gegenüber
Mittlere Sinne = Gefühlssinne

Als drittes durchdringt er verstehend die Welt
Obere Sinne = Erkenntnissinne

Die Zugehörigkeit des Menschen zu den drei Welten von *Leib, Seele* und *Geist* findet in der Vollzahl der zwölf Sinne seine Entsprechung:

1. Mit den leibgebundenen Sinnen bin ich eher unbewusst-schlafend in meinem Wollen tätig. Sie sagen etwas über meine Leibesbefindlichkeit aus:
   - Tastsinn
   - Lebenssinn
   - Eigenbewegungssinn
   - Gleichgewichtssinn

2. Die Gefühlssinne verbinden die Außenwelt mit meinen Empfindungen. Sie sind äußerlich-innerliche Sinne und sagen etwas über meine nähere Umgebung aus:
   - Wärmesinn
   - Geruchssinn
   - Geschmack
   - Sehsinn

3. Die Wahrnehmung der Erkenntnissinne taucht im Denkbewusstsein auf. Diese Sinne sind am meisten nach außen gerichtet und schaffen Verbindung zu meinen Mitmenschen. Insofern können sie auch die «sozialen Sinne» genannt werden:
   - Hören
   - Sprach- oder Wortsinn
   - Gedankensinn
   - Ich-Sinn

DIE UNTEREN SINNE (Basis-Sinne)

Die unteren Sinne nehmen wir mit unserem physischen Leib wahr. Je besser ein Kind im ersten Jahrsiebt sich selber spürt, je sicherer es sich bewegt und je mehr es sich selbst zutraut, desto souveräner kann es im zweiten oder dritten Jahrsiebt seine seelischen, geistigen wie auch sozialen Fähigkeiten entfalten.

Tastsinn

Indem sich der Mensch der ihn umgebenden physischen Welt durch Berührung willentlich zuwendet, empfindet er mittels des Tastsinns zunächst die eigene Leiblichkeit. Durch Abtasten und den Nachklang des Ertasteten ergibt sich ein innerer Raum. Die Welt umgibt den Menschen wie ein Mantel in vielfältigen Qualitäten. Er nimmt die Unterschiedlichkeit der Beschaffenheit der Dinge empfindend wahr, lange bevor er sie erkennen und deuten kann. Durch die Umgebung spürt er sich selbst in seiner Leibeshülle.

In der Folge davon können wir abgrenzend und öffnend der Welt begegnen. Der sich durch seine Tätigkeit ausbildende Tastsinn ist Voraussetzung für das spätere Selbstbewusstsein, die Achtsamkeit und Hinwendung an die geschaffene Welt.

Lebenssinn

Die eigene Lebensbefindlichkeit wahrzunehmen, sich als ein intaktes Ganzes empfinden, das macht der Lebenssinn möglich. Wir spüren nach innen in unsere organisch-lebendige Existenz. Wir nehmen uns selbst in unserer Gesamtheit wahr. Diese implizite Wahrnehmung unterscheidet sich von der Wahrnehmung einzelner Befindlichkeiten, die eher einen Defekt signalisieren. Erst durch solche werden wir wach für die Existenz des Lebenssinns. Der Lebenssinn achtet auf die Unversehrtheit unserer Ganzheit. Ein Lebensrhythmus, eine gute Atmosphäre und Wärme tragen zu einer Intaktheit des Lebensleibes bei und darüber zu einer gesunden Wahrnehmung in unserem Vitalbereich.

Die Behaglichkeit und das Wohlgefühl, das wir empfinden, wenn wir uns innerlich erspüren, schafft später die Bereitschaft für das Lernen und die soziale Auseinandersetzung mit der Umgebung.

Eigenbewegungssinn

Das Kind empfindet innerleiblich jede Veränderung, die durch Bewegung geschieht. Als Eigenwahrnehmung nehmen wir diese Veränderung bei jeder Bewegung u. a. der Muskeln, der Sehnen, der Gelenke wahr. Sie spielen sich ab zwischen den Polen der Expansion, der Dehnung und der Kontraktion des Zusammenziehens. Der Rhythmus einer leiblich verinnerlichten Wahrnehmung unserer eigenen Bewegung verbindet uns gleichzeitig mit dem Umraum. In die Bewegung hinein wirkt der Wille, dem wir im Laufe des Lebens immer mehr eine Richtung geben. Dann erleben wir in der Eigenbewegung die sich verstärkenden Freiheitsgrade und in der Folge das Empfinden des eigenen freien Seelischen.

Gleichgewichtssinn

Der Gleichgewichtssinn ermöglicht uns, die eigene Aufrechte zu finden und zu bewahren. Der Mensch stellt sich in den Raum hinein zwischen oben - unten, rechts - links, vorne - hinten, innen - außen. Er schafft wahrnehmend sein Verhältnis zu seinem Umraum und erlebt den ihn tragenden Grund.

Sein Gespür für das Da-Sein im Aufgerichtet-Sein, das Sich-Halten-Können und dessen Permanenz erfährt der Mensch durch den Gleichgewichtssinn. Dieses fortwährende Halten der Stellungen geht einher mit der Empfindung von Ruhe. So fühlen wir uns aus der inneren Ruhe als freier Geist.

DIE MITTLEREN SINNE

Die mittleren Sinne sind nicht mehr so eng mit unserem Leib verbunden, sondern teilen uns etwas von unserer Umgebung mit. Durch das, was die Umwelt an Sinneseindrücken anbietet, machen wir Erfahrungen an der äußeren Natur. (Äppli 1996, 47) Die jeweiligen Sinneswahrnehmungen lösen dabei Empfindungen von Sympathie oder Antipathie aus, weshalb die mittleren Sinne als gefühlsorientierte Sinne gelten. (König 1978, 10) Bereits umgangssprachlich wird deutlich, wie diese Sinne mit unserem Gefühl zusammenhängen: Etwas ist Geschmacksache, man kann jemanden nicht riechen, mir wird ganz warm ums Herz. Die mittleren Sinne spielen insbesondere im zweiten Jahrsiebt, im Schulalter, eine Rolle bei der Ausbildung von Gewohnheiten.

Geruchssinn

Angeschlossen an den atmenden Menschen nehmen wir riechend die Gerüche der Substanzen der Welt wahr. Die Dinge verströmen einen Geruch, der seiner Qualität nach gasförmig ist. In der Wahrnehmung verschiedener Gerüche taucht unmittelbar eine seelische Empfindung auf. Wir fühlen uns hingezogen oder abgestoßen in der unmittelbaren Wahrnehmung eines Geruchs. Dieser durchdringt sich aber auch mit der Eigenleiblichkeit, dann etwa, wenn wir unvermittelt Übelkeit und damit einhergehend eine Schwächung in unserem Vitalbereich erleben. So verbindet der Geruchssinn sich auf der einen Seite mit den leibesnahen unteren physischen Sinnen und gleichzeitig öffnet er das Feld für die an die Geruchswahrnehmungen sich anschließenden seelischen Empfindungen, die sich stark auf den fühlenden Menschen auswirken.

Geschmackssinn

Wenn fremde Stoffe in den «neutralen» Flüssigkeitsbereich im Mundraum aufgenommen werden, schmecken wir und haben eine Wahrnehmung der fremden Substanz. Die eigene leibliche Befindlichkeit durchdringt sich tief mit der zunächst äußeren, aufgenommenen Substanz. Rudolf Steiner nennt dies einen «Weltvorgang, der eins ist mit dem subjektiven Vorgang» (Steiner 1921, 9 ff.) Dieser Vorgang ist unmittelbar verbunden mit dem, was sich im Anschluss an die Geschmackswahrnehmung in der Seele abspielt. Dem eigenen Leib angenehme Geschmäcker öffnen uns seelisch, wir wenden uns hin - und umgekehrt, bei unangenehmen Geschmäckern erfolgt ein Sich-Abgrenzen.

Sehsinn

Das Auge als Sinnesorgan für die Wahrnehmung der Welt ist uns heutigen Menschen eine selbstverständliche Gegebenheit. Das Auge öffnet sich und hat unmittelbar Wahrnehmungen. Sie sind sehr oft und schnell verknüpft mit den Vorstellungen, so dass wir die reine Wahrnehmung sogar üben müssen. Wir sprechen daher eigentlich erst dann über die Wahrnehmungen des Auges, wenn wir von dem Spektrum der Farben, von Hell und Dunkel, von der Intensität der Farben und der Farbtiefe reden. Diese haben eine unmittelbare Wirkung auf das Seelische.

Wärmesinn

Wird die Aufmerksamkeit auf die Wahrnehmung der Wärme gelenkt, so ist zunächst zu unterscheiden die Eigenwärme und die Wärme der Gegenstände und der Umgebungen, die berührt werden. Der Wärmesinn bezieht sich ausschließlich auf die Wahrnehmung der Wärme unserer Umgebung. Die Wahrnehmung der Eigenwärme beschreibt Rudolf Steiner als ein «Gewahrwerden der Lebensvorgängen», spezifisch auf die Temperatur ausgerichtet, z. B. als ein «Wärmewohlbehagen» (Steiner 1922, 48). Damit befinden wir uns in Bezug auf die eigene Wärme auf der vitalen und seelischen Leibesebene und nicht mehr auf der physischsinnlichen.

Die Eigenwärme steht immer in Bezug zu der Wärmewahrnehmung der Dinge. Somit ist sie abhängig vom Zustand meiner Eigenwärme und vermag gerade dadurch den Bezug zur «Dingwelt» tiefer und intimer zu gestalten. Wärmewahrnehmungen haben zur Folge, dass sie sich seelisch zwischen Hingabe und einer öffnenden Geste und einer Abwendung bewegen.

DIE OBEREN SINNE

Die vier oberen Sinne sind am stärksten nach außen und auf die höhere Natur des anderen Menschen gerichtet. Sie sind die Basis höherer Wahrnehmungsfunktionen und eigener Erkenntnistätigkeit, daher sind sie nur vorhanden, wenn wir selber sprechen, denken und unser Ich entwickelt haben.

Gehörsinn

Die uns umgebende Welt erscheint uns in vielfältigen Klängen und Tönen. Sie dringen an das Ohr und so nehmen wir Tonhöhen, Klangfarben und Lautstärken wahr.

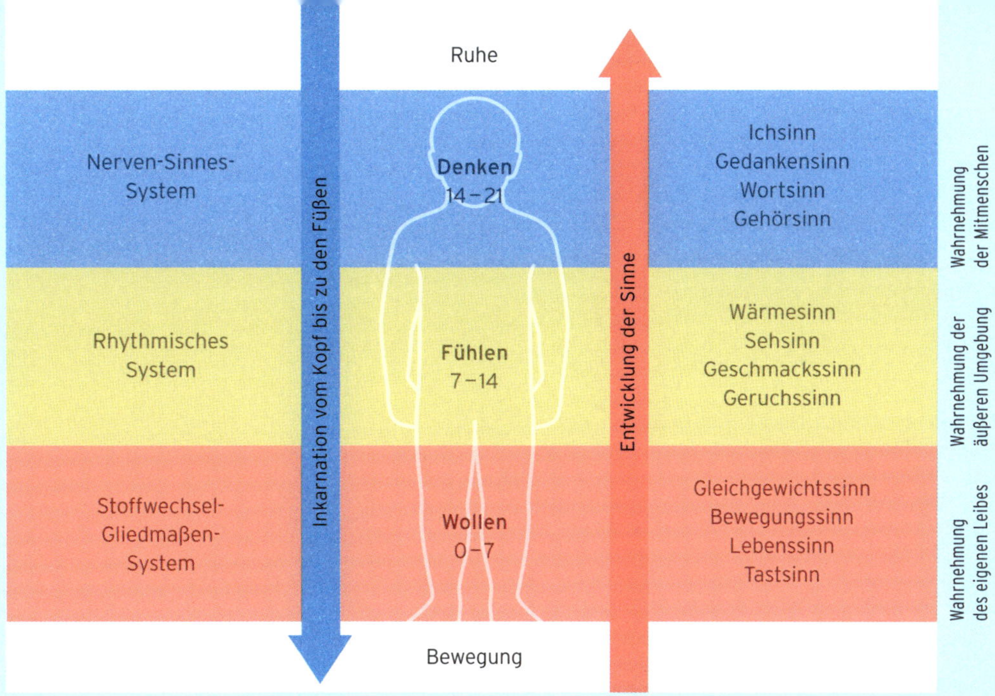

Schaubild «Ruhe und Bewegung»
So wie der Mensch von Kopf bis zum Fuß sich immer mehr mit dem eigenen Leib und der Erde verbindet, so entwickelt er seine Sinne von der Basis her aufsteigend.

Im Ton erscheint die Beschaffenheit der Gegenstände. Sie offenbaren sich in ihrer Wesenheit. Gewissermaßen spricht sich die Seele der Dinge in den Tönen und Klängen aus. So nehmen wir das Innere der Sache selber wahr. Es erschließt sich uns ein Wesen, eine Innenwelt, indem wir die tönende und klingende Welt wahrnehmen und empfinden.

Laut- oder Sprachsinn

Laute, Betonungen, Sprachmelodien und Sprachklänge sind die Wahrnehmung des Laut- oder Sprachsinns. In ihrer Differenziertheit und in ihrer individualisierten Lautgestallt führen sie den Menschen zu einer Wahrnehmung der Bedeutung des Wortes, noch bevor er dieses versteht. So kommt es, dass wir den Sinn und die Intention des Gesagten über den intellektuell erfassten Wortsinn hinaus besser erfahren können. Das gesprochene Wort erscheint aus der Wahrnehmung und Empfindung seiner Laute und Klänge und nicht ausschließlich als Wortinhalt. Es offenbart sich eine seelische Innigkeit durch das Wie im Wortinhalt oder des Lautcharakters der Sprache. Lautgebärden zeigen sich nicht nur durch gesprochene Wörter, sondern auch durch Mimik, Gestik und Haltung.

Begriffs- oder Gedankensinn

Der Begriffs- oder Gedankensinn, durch den das geäußerte Denken des Mitmenschen wahrgenommen werden, bilden das Herzstück des sozialen Zusammenlebens. Das Wort aus den gehörten Lauten und Klängen geistig zu erfassen, innerlich zu hören, wird beim Gedankensinn gesteigert. Der Mensch nimmt die Bedeutung, den Sinn der Wörter wahr, indem er von sich absehend dem Anderen folgt in seiner individuellen und innerlich gebildeten Geste einer geäußerten Gedankengestalt. Mittels des Gedankensinns erfahren wir etwas von dem Gegenüber, seiner Art, wie er seine Gedanken ergreift und formt.

Ich-Sinn

Mit dem Ich-Sinn nehmen wir unmittelbar das Ich des anderen Menschen wahr. Er müßte deshalb eigentlich «Du-Sinn» heißen. Es gibt zugleich für den Menschen nur einen Namen, den kein anderer Mensch zu ihm sagen kann - nämlich «Ich». Was in mir zu sich «Ich» sagt, ist genau dasjenige, was im anderen Menschen auch zu sich «Ich» sagt. Die Anwesenheit dieses Allgemeinmenschlichen, des im anderen Menschen individualisierten Ich, nimmt der Ich-Sinn wahr. Mit dem Ich-Sinn können wir zum Wesen des Anderen durchdringen.

Die unteren Sinne in ihrer besonderen Bedeutung für die kindliche Entwicklung in den ersten sieben Jahren

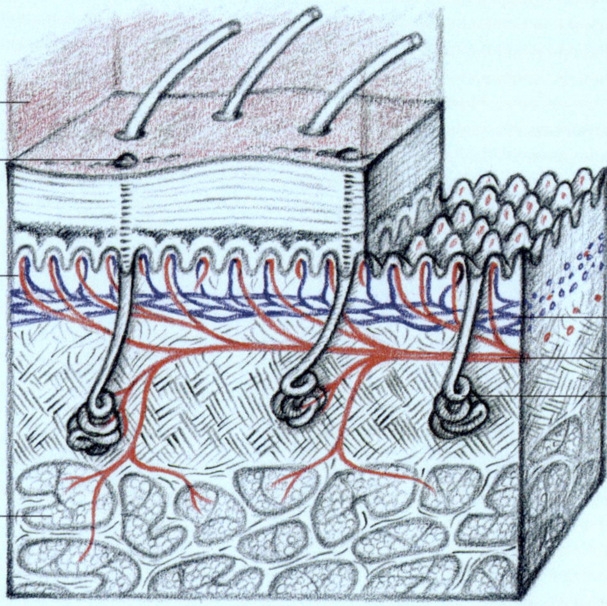

Abbildung «Die Haut» aus *Morphologie des menschlichen Organismus*, J. W. Rohen 2000, S. 302 f.

DER TASTSINN

Der Tastsinn ist das Fundament für eine gute Entwicklung. Er entwickelt sich bereits ab der achten Schwangerschaftswoche und bleibt ein Leben lang von großer Bedeutung.

Das Organ und sein Wahrnehmungsfeld

Tastsinnrezeptoren befinden sich fast im gesamten Körper, eine besonders hohe Anzahl in unserem größten Organ, der Haut. Sie schützt uns nicht nur vor äußeren Einflüssen, sondern sorgt auch für zahlreiche Eindrücke aus der Außenwelt. Über verschiedene Rezeptortypen werden uns Vibration, kurz- oder langanhaltender Druck und Verformung, Schmerzen und Temperatur vermittelt.

Über das Sinnes-Nervensystem werden permanent Informationen an das Gehirn weitergeleitet. Aktuell geht man davon aus, dass das Gehirn zu jedem Zeitpunkt Milliarden an Signalen empfängt, die es sinnvoll verarbeiten muss, um zu einem stabilen Körpererleben zu führen. (Grunwald 2017, 97 f.)

Pflege des Tastsinns

Jede Berührung zwischen Erwachsenen und dem Kind ist Pflege des Tastsinns. Dabei kommt es auf das «Wie» der Berührung an. Das Kind nimmt wahr, ob ich innerlich dabei bin oder ob es äußerliche, routinemäßige Berührungen sind. Der Heilpädagoge Henning Köhler nennt die richtige Qualität für den Tastsinn «sanfte Bestimmtheit». (Köhler 1994, 80) Jedes Kind genießt eine unterschiedlich feste Berührung. Dafür muss ein Fingerspitzengefühl entwickelt werden. Die sanfte Bestimmtheit mit innerer Anteilnahme kann als Ideal für die Berührung des Kindes gesehen werden.

Im Kleinkindalter sind das Berühren, Streicheln und Massieren, das Baden, Wickeln und Eincremen sowie die Art der Kleidung Mittel zur Pflege des Tastsinns. Säuglinge werden gepuckt, also fest gewickelt, damit sie sich gut spüren können. Im pädagogischen Alltag gilt es zu reflektieren, inwieweit und welche Berührungen angemessen sind.

Für Kinder wird auch zunehmend bedeutsam, mit welchen Materialien sie in Berührung kommen. Erhält der Tastsinn immer wieder den gleichen gläsernen Eindruck vom Anfassen des Smartphones und von Plastikspielsachen, oder kann er an Stöcken, Steinen, Wasser, Sand, Teig und vielem mehr begreifen, was hart, rau, glatt, sanft, nass, weich, schwer etc. bedeutet?

Zur Pflege des Tastsinns im Kindesalter benötigt es also vielfältige Eindrücke, die das Kind immer wieder bekommt. Es braucht dafür außerdem Zeit, Ruhe und Wiederholung.

Seelische Wirkung des Tastsinns

Durch die gesunde Entwicklung des Tastsinns in den ersten sieben Jahren bilden sich die Voraussetzungen für eine gesunde seelische Entwicklung. Der Tastsinn vermittelt uns unser Daseinsgefühl. Er grenzt uns von unserer Umwelt ab, ohne ihn wären wir wie ein Tropfen Wasser im Meer. Er ist die Grundlage für ein Erleben und Unterscheiden von «Ich» und «Welt», «Ich» und «Du».

Ein wichtiges Tastsinn-Erlebnis ist oft die eigene Geburt. Wie dieser Vorgang abläuft, kann unser weiteres Leben prägen. War die Geburt sehr schnell oder sehr langwierig, musste von außen geholfen werden? Und wie hat die Mutter die Geburt erlebt? Diese Fragen können Anstoß für wichtige Beobachtungen im Umkreis des Geburtsgeschehens sein. Immerhin ist es eine große Umstellung für den Säugling mit einer unvorstellbaren Masse neuer Reize, die wie plötzlich da sind. (Grunwald 2017, 57)

Ab der Geburt muss der Säugling dann lernen, sich als eigenständiges Ganzes zu fühlen, durch Ertasten und Erfühlen, die Berührung von Erwachsenen oder durch das Erfahren von Grenzen. Schon im Uterus beginnt er damit, sich und seine Umwelt mit seinen bereits entwickelten Sinnen zu erkunden. Das Tastsinn-Erleben kann durch Nähe, Sicherheit und Geborgenheit vermitteln, aber auch Schmerzen und Grenzüberschreitung. (Grunwald 2017, 46 f.) Der Tastsinn ermöglicht es so, sich einerseits von der Umwelt abzugrenzen und sich ihr andererseits zu öffnen.

So entstehen die für die Entwicklung des Kindes notwendigen Gefühle von Sicherheit, Geborgenheit und daraus folgend Selbstvertrauen und Respekt gegenüber der Umwelt, den Mitmenschen und dem Höheren. Daraus wird deutlich, dass sich durch die gesunde Entwicklung des Tastsinnes in der leiblichen Entwicklung der ersten sieben Jahre die Voraussetzungen bilden für eine gesunde seelische Entwicklung im zweiten Jahrsiebt und die eigenständige Urteilsbildung im dritten Jahrsiebt. (Köhler 1994, 59 ff.)

Beobachtungen und Störungen des Tastsinns

Im Alltag lassen sich viele Beobachtungen machen, die mit einer Auffälligkeit im Tastsinn zusammenhängen können. Dabei ist wichtig, aus einzelnen Beobachtungen nicht vorschnell zu urteilen. Dennoch sind sie eine Hilfe, um Tendenzen offenzulegen, Verhalten zu verstehen und das Kind in seiner Entwicklung zu fördern.

Bei den Beobachtungen lässt sich unterscheiden, ob das Kind eher ein untersensibles oder im Gegenteil ein sehr sensibles Tastempfinden hat. In beiden Fällen braucht es angenehm empfundene Tasterfahrungen, um das Sinnessystem zu pflegen und auszubilden.

Auf der einen Seite kann ein nicht ausreichend differenzierter, untersensibler Tastsinn zur Folge haben, dass das Kind sich selbst und seine unmittelbare Umwelt nicht gut und stabil wahrnehmen kann. Dann sucht das Kind starke Reize. Es liebt starke Berührungen, mit den Eltern oder mit Freunden wird sehr intensiv und fest geschmust oder auch mal gerangelt. Ein Hinweis kann sein, dass das Kind sich beim Matschen, Barfußlaufen und eigentlich jeder Aktivität, wo der eigene Körper gut und deutlich spürbar wird, am wohlsten fühlt und sein Verhalten danach ausrichtet. Es zeigt vermutlich eine Distanzlosigkeit im Sozialen, nimmt Grenzen anderer nicht wahr und nimmt für manch andere Kinder viel zu ruppig Kontakt auf, auch Erwachsenen kommt es sehr dicht. Das fehlende Körperspüren kann auch dafür sorgen, dass es sich häufig stößt und dabei dennoch selten Schmerzen hat; manchmal nimmt es den Stoß nicht einmal wahr. Im Kindergartenalltag kann man beobachten, wie zunächst unbewusst, später auch vorsätzlich Sachen von anderen kaputt gemacht werden. Häufige Raufereien und grenztestendes Verhalten, welches verlässlich zu schimpfenden Erwachsenen führt, sorgen dann für die nötige Reibung, die dem Kind eigentlich auf leiblicher Ebene fehlen.

Auf der anderen Seite kann der Tastsinn auch übersensibel reagieren. Bereits kleinste Eindrücke werden als unangenehm, kitzelnd oder anderweitig störend empfunden. Die Hände werden im Sandkasten ständig abgeputzt, Kirschkerne, die im Kirschkernbad schnell zwischen den Fingern stecken bleiben, müssen sofort entfernt werden, Matschen oder anderweitig schmutzig werden ist keine Option und auch beim Essen werden nur bestimmte Gerichte, teilweise nur einzelne Zutaten, gegessen. Die immer wieder als unangenehm empfundenen Kontakte mit der Umwelt entwickeln sich dann möglicherweise in eine starke Vorsicht oder Unlust, zu explorieren. Man kann daraus resultierend eventuell beobachten, dass das Kind sich nur widerwillig und nicht ausdauernd mit Spielen oder Materialien verbinden kann. Damit vermeidet es für die Ausbildung des Tastsinnes wichtige Erfahrungen. Stattdessen wird es sich vermutlich eher beobachtend und aus der Distanz die Umgebung erschließen, anstatt tastend, fühlend und erfahrend. Mangelnde Tasterfahrungen kompensieren Kinder möglicherweise mit Daumenlutschen, Nägelkauen oder sonstigem Knibbeln.

Allgemein liegen Störungen des Tastsinns dann vor, wenn das Körperbewusstsein nicht gut ausgebildet ist, wenig Selbstwahrnehmung vorhanden ist und es davon ausgehend auch an Selbstbewusstsein mangelt. Durch nicht ausreichende Tast- und Grenzerfahrungen fühlt sich das Kind schutzlos und ohne Hülle in der Welt. Es kann seine Grenze nicht ausbilden. Die seelische Reaktion eines schlecht ausgebildeten Tastsinns kann sich in Angst, Unsicherheit und Ungeschicklichkeit durch das mangelnde Urvertrauen ausdrücken. Diese Ängste können sich festigen, wenn der Zustand der Angst dauerhaft und ohne Besserung nach innen genommen wird, oder sie münden in Aggressionen, wenn die Tastwahrnehmung im Übermaß gesucht wird. Genauso kann das immer wiederkehrende Nicht-Einhalten von Grenzen eine Folge sein. Wenn die erste, natürlich spürbare Grenze des eigenen Körpers nicht gut verinnerlicht ist, kann es schwerfallen, abstrakte Grenzen im sozialen Kontext zu verstehen und respektieren.

Die folgenden Fragen können wir uns stellen, um unserem eigenen Tastsinn auf die Spur zu kommen. Als Eltern oder Begleitende der Kinder leben wir häufig unsere individuellen Besonderheiten vor, ohne uns über deren Einfluss bewusst zu sein.

- Traue ich mich, auf die Welt zuzugehen oder habe ich Berührungsängste?
- Gibt es Materialien, Texturen oder Stoffe, die ich gar nicht anfassen möchte?
- Bin ich eventuell sehr forsch und spüre häufig die Grenzen anderer nicht?
- Fühle ich mich wohl in meiner Haut? Wenn ja oder nein, warum?
- Was wird von meiner Geburt berichtet?
- Wie berühre ich Gegenstände in der Natur?
- Fühle ich mich in Wald und Wiese wohl?
- Wie berühre ich andere?

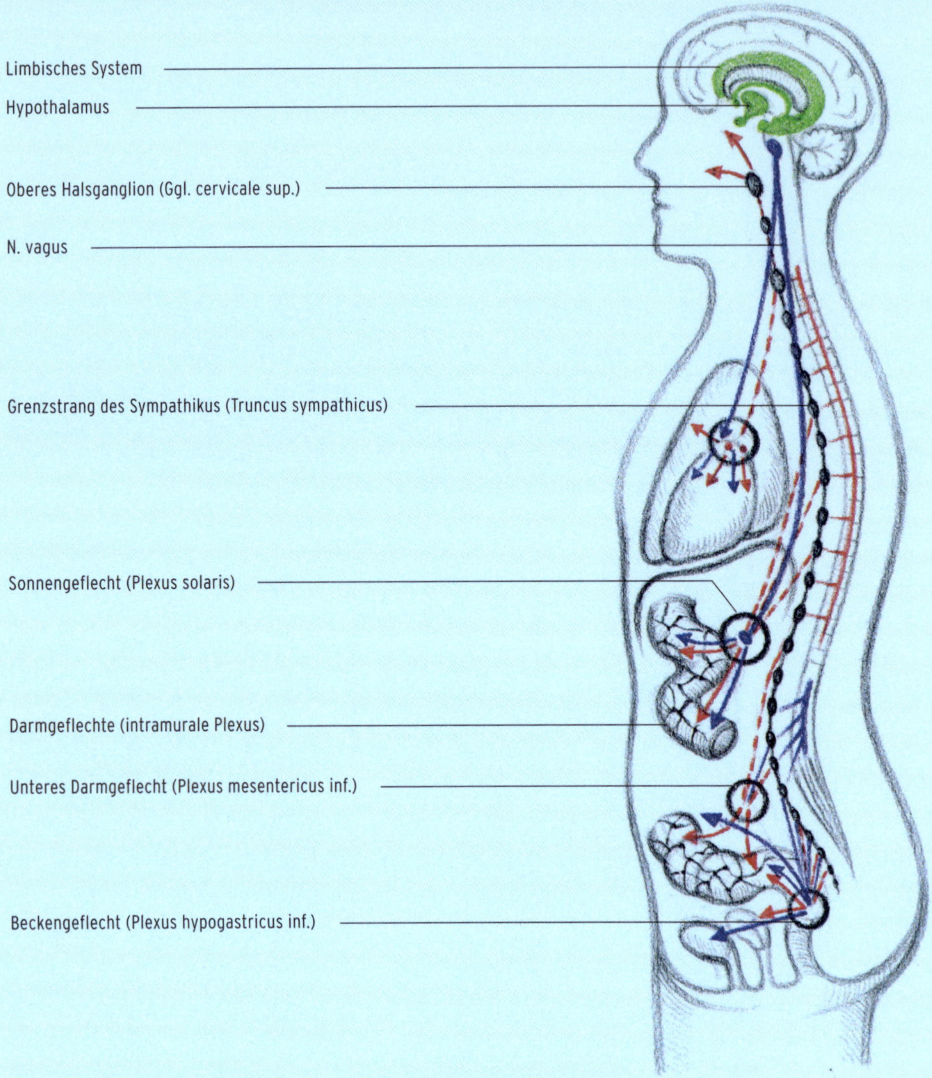

Abbildung «Das autonome Nervensystem» aus *Morphologie des menschlichen Organismus*, J. W. Rohen 2000, S. 317 f.

DER LEBENSSINN

Der Lebenssinn ist als Sinn schwer zu fassen. Er gibt dem Kind eine erste Vertrautheit in seinem Körper, eine Geborgenheit und Daseinsorientierung. Er wird auch Vitalsinn oder Konstitutionssinn genannt und vermittelt die allgemeine Befindlichkeit. Fühlen wir uns eins mit dem Leib, haben wir Freude, Lust am Dasein, fühlen wir uns behaglich oder unbehaglich? Alle übrigen Sinne brauchen den gesunden Lebenssinn als Grundlage für die Sinnesentfaltung. Er ist ein Wächter über die Zustände des Leibes, deren Befindlichkeit und somit auch ein Warnsystem. Gleichzeitig sagt er etwas über die individuelle Konstitution des Menschen aus.

Das Organ und sein Wahrnehmungsfeld

Die Wahrnehmungen des Lebenssinnes sind im vegetativen Nervensystem verankert. Sein spürbares Zentrum ist das Sonnengeflecht, der Solarplexus. So, wie wir die Eindrücke, die durch das zentrale Nervensystem vermittelt werden, mit unserem Ich bewusst erfassen können, also beispielsweise Gerüche, Farben und Geschmack, so liegen die Eindrücke des vegetativen Nervensystems zunächst im unbewussten, schlafenden Bewusstsein des Menschen.

Das vegetative Nervensystem nimmt die Funktionen und Zustände aller Organe und Organprozesse wahr und vermittelt uns so einen Eindruck über den jeweiligen Lebenszustand, ohne dass wir genau sagen könnten, welches Organ oder welche Funktion dahintersteht. Ein inneres Organ, das man dem Lebenssinn zuordnen kann, ist der Magen. Er kann uns unter anderem Hunger und Unwohlsein vermitteln, aber auch Sattheit und Wohlbefinden. (Rohen 2000, S. 310)

Zusammengefasst macht der Lebenssinn uns die Verfassung unseres rhythmischen, ätherischen Leibes in seiner Betätigung in der physischen Leiblichkeit in seiner Gesamtheit bewusst.

Pflege des Lebenssinns

Voraussetzung für einen gut wirkenden Lebenssinn ist ein wohltemperiertes, ruhiges Körpergefühl. Durch fürsorgliche Pflege wird das «Leibeshaus» des kleinen Kindes nach und nach ein Ort des Wohlbehagens, sodass es nicht mehr bei jeder kleinen Irritation schreien muss.

Ein rhythmischer Tagesablauf ermöglicht dem Vitalsinn eine gute Entwicklung, da unterschiedliche Befindlichkeiten zwar zur Wahrnehmung kommen können, den jeweiligen Bedürfnissen aber regelmäßig nachgegangen wird, sodass eventuelle Zustände des Unwohlseins nicht überwiegen. (Auer 2019, 35)

Während die meisten Erwachsenen eine Lebenssinn-Äußerung recht gut kompensieren können, so ist beim Säugling die Äußerung des Lebenssinns durch Lautgeben oft unmittelbar übereinstimmend mit seinem Organempfinden. Der Lebenssinn muss im Verlauf der frühen Kindheit erst gestärkt werden, um Spannungen auszuhalten. Dies geschieht über das Schwingen zwischen Wahrnehmen und maßvollem Aushalten von Bedürfnissen sowie deren verlässlicher Befriedigung. So sind vor allem Ernährung und Schlaf Hilfen zur Lebenssinn-Reifung, aber auch das Spüren von Wärme, Körperkontakt und eine gleichmäßige Atmung.

Während besonders zu Lebensbeginn Erwachsene für die Befriedigung von Bedürfnissen zuständig sind, können Kinder hier zunehmend Autonomie erlangen. Beim Entwickeln eigener pflegender Verhaltensweisen helfen wie auch in anderen Bereichen der Entwicklung nachahmenswerte Vorbilder. Das bewusste Zuwenden zur eigenen Befindlichkeit kann schon früh in Begleitung von Erwachsenen passieren: sich stärken, sich wärmen, sich pflegen, sich ausruhen.

Um die positiven Qualitäten des Lebenssinns empfinden zu können, gehört in der Pflege also das Kennenlernen von Empfindungen wie Hunger, Schmerz oder Müdigkeit dazu. Das Wohlgefühl nach einer guten Mahlzeit ist umso ausgeprägter und nachhaltiger, wenn wir den allmählich stärker werdenden Appetit kennen. Eine kleine Süßigkeit zwischendurch stellt diesen Drang zwar ruhig, aber nicht nachhaltig. Auch jeden Schmerz zu verhindern oder zu vermeiden, schwächt die Vitalität. Der Lebenssinn kann dann gesund wirken, wenn ich zwischen den Polaritäten des Lebens die Spannung aushalten kann.

Das Ziel in der Pflege des Lebenssinnes ist ein positiver, ruhiger Wachzustand, der durch abwartende Aufmerksamkeit hergestellt werden soll und in die Behaglichkeit mündet. Deshalb ist es für die Pflege des Lebenssinnes notwendig, für eine geistig-seelische Atmosphäre und Stimmung zu sorgen, in der eine grundlegende Behaglichkeit möglich ist. Hierfür spielt auch die Haltung der Erwachsenen eine Rolle.

Seelische Wirkung des Lebenssinns

Mit dem Lebenssinn bekommen wir ein Verhältnis zu unserem Leib. Wir erleben uns räumlich in uns selbst und fühlen uns innerlich als ein Ganzes. Wenn wir hier eine Beständigkeit bemerken, entwickelt sich daraus der Sinn für biografische Abläufe.

Ein gut entwickelter Vitalsinn unterstützt die Fähigkeit, Irritationen auszuhalten und diese nicht als Existenzbedrohung zu erleben. Dies schafft die Voraussetzung für ein Kind, seine Kräfte und Möglichkeiten im Spiel und in der Bewegung zu erproben. Es begegnet Herausforderungen, stößt an seine Grenzen, aber es erlebt am Ende Befriedigung und Freude darüber, aus eigener Anstrengung und Durchhaltevermögen ein Ziel erreicht zu haben. Erfahrungen dieser Art stärken das Selbstvertrauen und die Selbstständigkeit des Kindes, was sich vor allem auch auf die Lernbereitschaft auswirkt. (Auer 2014, 34 f.)

Beobachtungen und Störungen des Lebenssinns

Der Lebenssinn ist zielgerichtet auf eine behagliche Grundstimmung und nimmt von da aus Störungen wahr. Ein sehr sensibler Lebenssinn kann dafür sorgen, dass das Kind sich schnell unbehaglich fühlt und jede kleine Störung dem Kind den Boden unter den Füßen wegreißt. Das Kind erlebt alltäglich große Dramen, die für Erwachsene möglicherweise schwer nachzuvollziehen sind. Bei Nichtgelingen, Fehlschlägen oder Geschehnissen, die anders erwartet wurden, kann das Kind eine auffallend niedrige Frustrationstoleranz oder starke Emotionalität zeigen und eine lange Zeit zum Beruhigen brauchen. Klare, gleichbleibende Abläufe werden wertgeschätzt, Abweichungen davon bringen ins Wanken. Um die schnell auftretende oder teilweise auch beständige Unbehaglichkeit nicht spüren zu müssen, lenken sich Kinder, deren Lebenssinn nicht ausreichend gestärkt ist, so viel wie möglich von ihren inneren Zuständen ab. Dies kann sich als ständiges Reden, Bewegen, eine generelle Unruhe bis hin zur Hyperaktivität oder gar nervöse Ticks äußern. Ruhe ist meist schwer auszuhalten, da in ihr die innere Empfindung nicht verdrängt werden kann.

Ein Lebenssinn, der durch wenig bewusste Aktivität eher untersensibel funktioniert, zeigt sich in ähnlichen Phänomenen. Kinder, die zusätzlich zu ihren schwach ausgeprägten Lebenssinnempfindungen gerne und viel in Aktion sind, nehmen unter Umständen ihre leiblichen Warnsignale einfach nicht wahr. Immer wieder kann es vorkommen, dass sie wie aus dem Nichts von einer starken Emotionalität überwältigt werden, weil sie ihre eigene Müdigkeit, ihren Hunger, ihre generelle Anstrengung nicht rechtzeitig wahrnehmen können. Urplötzlich sind die negativen Befindlichkeiten in übergroßem Maße da und beeinflussen das Verhalten dann unmittelbar.

Eine Störung des Lebenssinns kann sich aber auch in Form von Zurückgezogenheit ausdrücken. Kinder mit dieser Tendenz wirken häufig schlapp und teilnahmslos und haben Kontaktschwierigkeiten. Sie können sich nur schwer für etwas begeistern. Manche Kinder haben durch Störungen, die dem Lebenssinn zuzuordnen sind, eine schlechte Durchblutung, haben eventuell kalte Hände, blasse Wangen, marmorierte Extremitäten, oder sie wirken fahl. Oftmals sind auch vermeintlich autistische Verhaltensweisen zu beobachten, z. B. fehlender Blickkontakt oder stereotyp wirkende Verhaltensmuster, erschwerte bis keine Interaktion, manchmal bis hin zu Dissoziationen.

Die Störungen des Lebenssinns drücken sich als Nicht-Wohlfühlen im eigenen Leib aus und können sich als Regulations-, Schlaf-Rhythmus- oder Essstörungen zeigen. So wirken sie über negative Emotionen und mangelnde Vitalität stark im Seelischen.

Die folgenden Fragen dienen der Erkundung unseres eigenen Lebenssinns und können im Hinblick auf eine Klärung in Bezug auf das eigene Kind oder auf das pädagogische Handeln wichtige Anhaltspunkte geben.

- Wie gut kann ich Spannung aushalten?
- Wie reagiere ich auf Alltagskrisen?
- Spüre ich Hunger und Durst? Wie gehe ich damit um?
- Nehme ich meine Müdigkeit rechtzeitig wahr? Mein Stresslevel?
- Kann ich Ruhe und Stille genießen oder halte ich mich in Unruhe?
- Wie pflege ich mich, meine Kräfte und meinen Leib?
- Kann ich es aushalten und begleiten, wenn mein Kind Schmerzen hat?

DER BEWEGUNGSSINN

Das Empfindungsfeld des Bewegungssinnes ist nicht die Bewegung an sich, sondern das Erlebnis der körperlichen Existenz in der Bewegung. Dieser Eigenbewegungssinn, auch Kraftsinn genannt, registriert die Ausführung von Bewegung und die neu erreichte Lage des Körpers. Unbewusst erfasst der Eigenbewegungssinn das Verhältnis der Glieder zueinander, z.B. weiß unsere Hand, wo unsere Nase ist. Ebenso erfasse ich die Form der Dinge in meiner Umgebung, indem ich mich oder mein Auge mitbewege. So gelingt beispielsweise das Erfassen eines Kreises auch durch die Fähigkeit des Bewegungssinnes. Um eine Bewegung auszuführen, muss ich ein Motiv haben, sie mir innerlich vorstellen, einen Plan fassen, ein Ziel haben. Ich brauche eine Bewegungsintention.

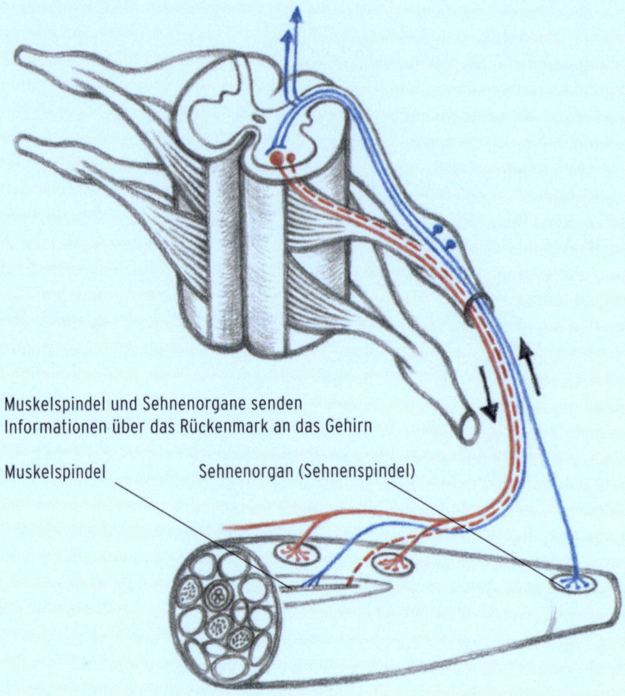

Abbildung «Innervation der Muskelfasern vom Rückenmark durch die Spinalnerven» aus *Morphologie des menschlichen Organismus*, J.W. Rohen 2000, S. 302 f.

Das Organ und sein Wirkungsfeld

Das Organ des Bewegungssinnes bilden die Muskeln, unterschieden in Muskelspindel und Sehnenorgane. Sie sind Eigenwahrnehmer, auch Propriozeptoren genannt. Die Muskelspindeln nehmen die Veränderung im Muskel wahr, wenn dieser sich streckt oder zusammenzieht. Ein um diese Muskelfasern liegender Nerv nimmt diese Zustandsänderungen auf und leitet sie über das Rückenmark an das Gehirn. (Rohen 2000, 123; König 1995, 79 ff.) Über dieses System an Rezeptoren gibt es im Gehirn eine dauerhafte Abbildung des muskulären Zustands des gesamten Körpers. (Grunwald 2017, 109)

Dabei können zwei unterschiedliche Aspekte wahrgenommen werden: die Haltung der Gliedmaßen und die dynamische Bewegung: Ruhe und Spannung, Beugen und Strecken, Ballen und Spreizen. Feine motorische Nerven innerhalb der Muskelspindel nehmen Bewegungsimpulse auf, sodass die Wahrnehmung bzw. Sensorik von Bewegung und die Bewegungsimpulse, die Motorik, in den Muskeln zusammen tätig sind.

Pflege des Bewegungssinns

Im Säuglingsalter ist es für die Pflege des Bewegungssinnes vor allem von Bedeutung, das Kind seinen eigenen Bewegungsabläufen zu überlassen und nicht korrigierend von außen einzugreifen. Das gilt insbesondere für die Bewegungsentwicklung des Säuglings von den ersten Bewegungen der Augen und der Hände oder Füße bis über die Körperrotation zum Stehen als Voraussetzung zum Gehen. Durch übermäßige Ablenkung, ständige Außenreize durch Medien oder zu reizintensives Spielzeug wird die Konzentration und Üb-Bereitschaft des Eigenbewegungssinnes geschwächt. Eine wichtige Rolle in der Pflege des Bewegungssinnes in der frühen Kindheit spielen auch Vorbilder in der Umgebung des Kindes. Das Wahrnehmen von Bewegungen, die mit einer seelischen Intention vollzogen werden, wirkt anregend für das Kind.

Für größere Kinder wird der Bewegungssinn beispielsweise durch Spiele gepflegt, bei denen es auf den richtigen Einsatz der eigenen Bewegung ankommt. Eine große Bedeutung haben so auch Rhythmusspiele, die durch Variationen der Bewegung Kraft und Sicherheit geben. Für eine gute Pflege des Bewegungssinnes braucht es allerdings mit zunehmendem Alter vor allem gute Bewegungsräume. Diese benötigen genügend Platz sowie Möglichkeit und anregende Materialien für verschiedenste Bewegungsmuster. Der örtliche Spielplatz bietet Möglichkeit zur Pflege, vorausgesetzt wir Erwachsenen geben genügend Zeit und Raum, damit sich das Kind ausprobieren kann. Je nach Wohnort ist der niedrigschwelligste Bewegungsraum die Natur. Ein Spaziergang durch den Wald bietet Pflege über den Bewegungssinn hinaus auch für andere Sinne und eignet sich daher besonders. Für den pädagogischen Alltag ist zu beachten, dass jederzeit ein Bewegungsraum für Kinder verfügbar und zugänglich ist. Das können ein allzeit begehbares Außengelände oder geeignete Räumlichkeiten sein. In diesen sollte dann zusätzlich auf eine gute Luftzirkulation und auf schallabsorbierende Maßnahmen geachtet werden.

Seelische Wirkung des Bewegungssinns

Der Bewegungssinn befreit die Seele und gibt ihr Raum zum Gestalten und zur Freude am Tun. In diesem Raum entsteht das Gefühl von Freude, Freiheit und Unabhängigkeit, wenn etwas gelingt. Darin kann sich ein generelles Gefühl von Selbstvertrauen, Zuversicht und Mut manifestieren. Im Umgang mit Material, Werkzeugen oder Instrumenten entsteht Geschicklichkeit als Fähigkeit, Bewegungen auf die jeweiligen Begebenheiten einzustellen. So entwickelt das Kind seelisch die Sicherheit, sich auf das gegebene Umfeld einlassen und sich an bestehende Bedingungen anpassen zu können. (Auer 2014, 49)

Jeder Bewegung im Physischen geht ein Motiv voraus, eine Bewegung im Seelischen, durch welche ich eine innere Zielgerichtetheit entwickle. Bewegung ist daher eng mit der Seele verknüpft, ob eher unbewusst in der Gestik oder sehr bewusst in Tanz und Schauspiel. So kann ich mich nicht zuletzt über Bewegung ausdrücken und mich anderen mitteilen.

Die gesunde Bewegungsentwicklung hat auch Folgen für das soziale Leben. Wer sich sicher und gut bewegen kann, fühlt sich auch sicher in der eigenen Person und in der Kommunikation. Man traut sich zu, sich im Raum zu bewegen, sowohl in physischer als auch in seelischer Hinsicht.

Mit dem Bewegungssinn nehmen wir auch Bewegungen in unserem Umfeld wahr. So wirkt der Bewegungssinn beispielsweise auf die Fähigkeit des Mitleids. Das «Sich Mitbewegen» ermöglicht es, sich körperlich auf eine externe Bewegung, einen Rhythmus einzuschwingen. Lasse ich mich auf jemand anderen ein, kann mich das sprichwörtlich bewegen. Das heißt, ich vollziehe die Bewegung eines anderen innerlich mit und bleibe nicht starr und seelisch unbewegt in mir. Hierin liegt die Grundvoraussetzung für Prozessoffenheit und Teamfähigkeit. (Auer 2019, 37)

Beobachtungen und Störungen des Bewegungssinns

Ist der Eigenbewegungssinn gestört, wird eine Nachahmungsschwäche beim Kind bemerkbar sein. Die Kinder werden sich eher unsicher in ihrer Umgebung verhalten, vor allem, wenn diese neu ist. Sie trauen sich selbst wenig zu und bleiben lieber in sicherer Nähe zu einer bekannten Bezugsperson. Häufig fehlt das richtige Maß in der Kraftdosierung. So reagieren sie entweder unbändig und wild, toben und verletzen sich schnell oder sind schlapp, zurückgezogen, passiv und wirken schwerfällig und tollpatschig. Ein klar beobachtbares Merkmal ist die Koordinationsstörung von Bewegungsabläufen und fehlende Automatismen bei grundlegenden Bewegungsarten wie dem Gehen, Treppensteigen oder später auch beim Klettern. Überall, wo fehlende Sicherheit ist, können außerdem besondere Bewältigungs- und Vermeidungsstrategien entstehen. Kinder, die weniger sicher im motorischen Bereich sind, lenken sich und ihre Umgebung beispielsweise gerne mit ständigem Reden davon ab oder verweigern sich manchmal geradeheraus der Bewegung, manchmal mit kreativen Begründungen.

Besonders beim Klettern kann man eine Vielzahl an Beobachtungen machen, die auf eine Unsicherheit im Bewegungssinn schließen lassen. Beim Nutzen einer Sprossenwand, Leiter oder ähnlichem Gerät guckt das Kind immer erst, wo und wie es seine Gliedmaßen bewegt. Wenn über den Blick dann keine Kontrolle geschieht, tritt das Kind häufiger ins Leere. Neue Bewegungsmuster brauchen außerdem länger, um sich zu festigen und flüssige Automatismen sind in der Bewegung nur selten zu beobachten.

Wenn Bewegung erfolgreich vermieden wird, kann sich die zugrunde liegende Angst festigen. Im sozialen Bereich können im Bewegungssinn entstandene Ängste zu einer Zurückgezogenheit in der Kommunikation bis hin zum selektiven Mutismus führen. Die Angst vor der eigenen Bewegung kann sich für Kinder auf den kommunikativen Raum ausweiten, sie erstarren. Dann zeigt sich große Unsicherheit oder wenig Interesse am Austausch mit der Umgebung, zum Teil wirken betroffene Kinder fast isoliert.

Wird die Fähigkeit des Mitvollziehens und Mitschwingens aufgrund einer Störung des Bewegungssinns nicht oder nur eingeschränkt entwickelt, kann dies zu fehlender Empathiefähigkeit und fehlendem Mitleid führen. Auch das Nachvollziehen von Denkbewegungen eines anderen und das Erfassen von Zusammenhängen fällt oft schwer. Es kann eine gewisse Begriffsstutzigkeit vorhanden sein oder eine Schwierigkeit, Abläufe zu erkennen.

Die folgenden Fragen können wir uns als Erwachsene stellen, um unserem eigenen Bewegungssinn näher zu kommen. Die Fragen können auch der Einschätzung von Kindern dienen.

- Wie stehe ich grundsätzlich zu Bewegung?
- Bewege ich mich auch außerhalb vom sportlichen Bereich gerne?
- Wie war meine Einstellung zu Bewegung in der Kindheit? Wie hat sie sich entwickelt?
- Wie bewege ich mich in ungewohnten Situationen?
- Kann ich die Beweggründe anderer Menschen gut nachvollziehen? Oder bemerke ich in mir häufig ein Unverständnis der Umwelt gegenüber?
- Gebe ich meinem Kind genügend Zeit für freie Bewegung?
- Gebe ich meinem Kind in dieser Zeit genügend Raum, sich eigenständig zu bewegen?

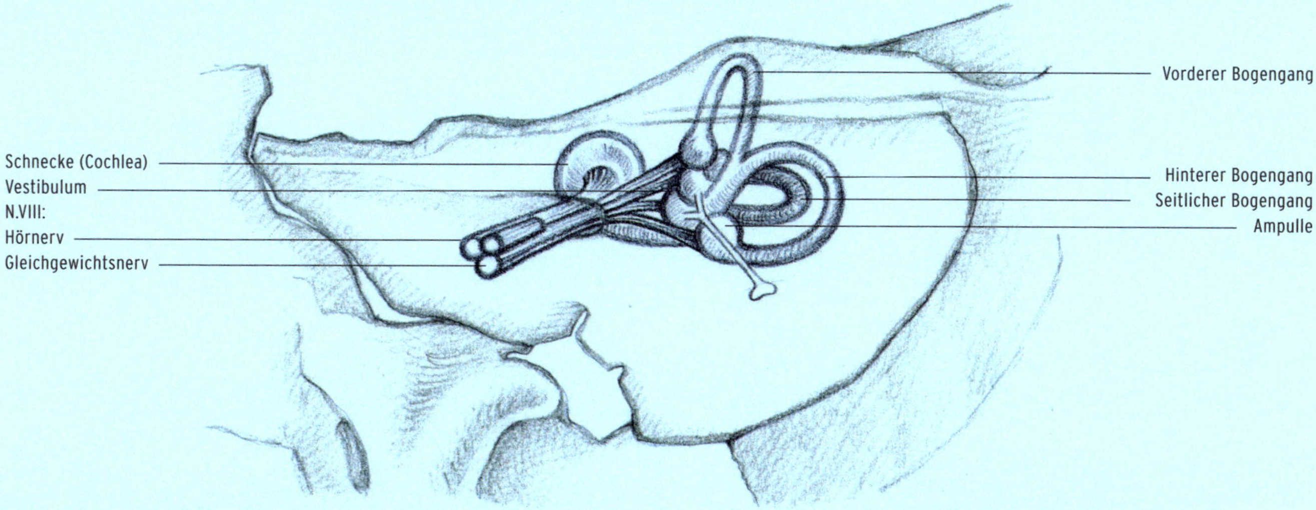

Abbildung «Bau des Labyrinthorgans, das der Gleichgewichtsregulation dient» aus *Morphologie des menschlichen Organismus*, J. W. Rohen 2000, S. 302 f.

DER GLEICHGEWICHTSSINN

Mit jeder Lageveränderung setzt die Empfindung des Gleichgewichtsinns ein. Sie ermöglicht das bewusste wie unbewusste Ausbalancieren und Aufrichten des eigenen Körpers sowie die Wahrnehmung der eigenen Lage im Raum.

Der Säugling ist zunächst unfähig, das Gleichgewicht zu halten. Die Wahrnehmung ist zwar gegeben, aber noch nicht die Umsetzung in angemessener Körperbeherrschung. Die Fähigkeit des Gleichgewichtes entsteht mit dem allmählichen Aufrichten des Köpfchens, beim Rollen, Krabbeln und schließlich beim Aufrichten der Gestalt. Weitere Gleichgewichtswahrnehmungen beziehen sich auf die drei Raumesrichtungen vorne - hinten, oben - unten, rechts - links. Es geht darum, den eigenen Mittelpunkt zu finden und dadurch leiblich einen eigenen Standpunkt zu haben. Daraus kann im Folgenden die zielgerichtete Bewegung im Raum durch die Beherrschung der eigenen Gliedmaßen erfolgen.

Das Organ und sein Wahrnehmungsfeld

Das Gleichgewichtsorgan befindet sich im Inneren des Ohres. Es besteht aus drei miteinander verbundenen Bögen, die in den drei Raumesrichtungen verlaufen. Am Ansatz der Bögen befinden sich pinselförmige Sinnesorgane, die sich bei Bewegung verformen und so die Lageveränderung registrieren. Zusätzlich gibt es zwei statische Sinnesfelder, kleine Kalkkristalle, die bei Vertikalbewegungen des Kopfes auf die Sinneszellen drücken und so Signale senden. Das ganze Organ enthält eine Flüssigkeit, die Endolymphe, und wird als Ganzes auch von dieser umspült, sodass es sich in einem schwerelosen Zustand befindet. Durch die unterschiedlichen Flüssigkeitsbewegungen beispielsweise bei Drehbewegung des Kopfes können die Stellungen des Körpers im Raum wahrgenommen werden. Im aufrechten Stand setzt sich das Gleichgewicht vertikal durch den ganzen Menschen über die Gelenke von Kopf bis Fuß fort: Kiefer, Schulter, Ellenbogen, Hüfte, Handgelenk, Knie und Knöchel. (Rohen 2000, 276 f.; König 1995, 105 ff.)

Pflege des Gleichgewichtssinns

Auch bei der Entwicklung des Gleichgewichtssinns ist es wichtig, dem Kind genügend Zeit zu lassen, sich in neue Positionen des Gleichgewichts hineinzufinden. Erst wenn es Sicherheit und Standfestigkeit in der einen Position hat, kann es eine nächste entwickeln. Im Kleinkindalter ist damit die freie Bewegungsentwicklung bis zum Gehen hervorzuheben. Ein mittlerweile bekanntes Negativbeispiel ist der sogenannte «Walker», eine Laufhilfe: Das Kind kann sich scheinbar aufrecht mit den Füßen am Boden fortbewegen, tatsächlich sitzt es aber. So wird ihm die Chance genommen, aus seinem eigenen Fortbewegungswillen die nötige Anstrengung aufzubringen, um es von der liegenden über die sitzende in eine stehende Position zu schaffen und dabei seinen gesamten motorischen Apparat zu stärken.

Über dieses Alter hinaus ist zu beachten, das Kind im Ausbalancieren des eigenen Körpers beim Gehen nicht zu behindern, indem es zu oft an der Hand laufen muss. Kindgerechte Tretroller verbinden den Anspruch an das Gleichgewichtssystem des Kindes und den elterlichen Wunsch nach schneller Fortbewegung im Alltag. An dieser Stelle sind Stützräder als ein weiteres, mittlerweile selten gesehenes Beispiel für Schein-Hilfen zu nennen. Auch hier wird das Gleichgewichtssystem nicht gefordert, beim Tretroller allerdings schon. Allgemein lässt sich sagen, dass jede Hilfe, die dem Kind die Möglichkeit nimmt, mit seinem eigenen Körper für den Ausgleich der Gleichgewichtswahrnehmungen zu sorgen, eher hinderlich ist.

Für größere Kinder sind Schaukeln, Hüpfspiele, Balancieren und Klettern gute Möglichkeiten, um den Gleichgewichtssinn zu pflegen. Auch das Spielen mit Bauklötzen gibt Übung im Gleichgewicht. Zunächst ist für die kontrollierte Bewegung natürlich der Bewegungssinn gefragt. Doch auch der Gleichgewichtssinn ist beteiligt. Wer seinen eigenen Körper gut zu balancieren weiß, kann das Gefühl auf andere Dinge übertragen.

Seelische Wirkung des Gleichgewichtssinns

Der gut ausgebildete Gleichgewichtssinn ist die Grundlage für eine Orientierung im Raum und hilft dem Kind, innere Ruhe und Halt zu gewinnen. Auf seelischer Ebene setzt sich das Kind in ein Verhältnis zur Welt und nimmt einen eigenen Standpunkt ein. Dieser Standpunkt als Ruhepol und Bezugspunkt bildet im übertragenen Sinne die Grundlage, um ein inneres Gleichgewicht zu finden und aus dem Inneren heraus selbstsicher in Beziehung zur Außenwelt zu treten. (Auer 2014, 64 ff.; König 1978, 73) Durch die Fähigkeit, sich auf gegebene Situationen einstellen zu können und sich immer wieder neu auszurichten bzw. auszubalancieren, wird die Lebenszuversicht des Kindes gestärkt. (Auer 2014, 63)

Folge eines guten Gleichgewichtssinnes im Physischen ist außerdem die Fähigkeit, im Seelischen eine innere Ruhe hervorzubringen, denn eine herausfordernde Balancier-Aufgabe zu bewältigen wird Konzentration und Ruhe brauchen. In späterem Alter kann das dazu beitragen, dass eine seelische Ausgeglichenheit herrscht, in der nicht die polaren Extreme der Stimmungsschwankungen von himmelhoch jauchzend und zu Tode betrübt bestimmend sind. Auch auf das Denken kann sich ein gesund entwickelter Gleichgewichtssinn positiv auswirken. Argumente werden gut gegeneinander abgewogen und verhelfen zu einer fundierten Urteilsbildung und im weiteren Sinne zu einer freien Denktätigkeit.

Beobachtungen und Störungen des Gleichgewichtssinns

Am offenkundigsten sind Schwierigkeiten im Balancieren über einen Balken, Baumstamm oder auf einem Bein. Dabei kann man je nach Sensibilität verschiedene Bewältigungsstrategien beobachten. Ein Kind, das sich tendenziell eher wenig spürt und vor Gefahren nicht zurückschreckt, wird seine Unsicherheiten im Gleichgewicht mit Schnelligkeit kompensieren. Wenn ein Tritt danebengeht und es stürzt, hat es oftmals nicht weh getan, wenn es klappt, war es doch «babyleicht». Hier kann man auch einen tendenziell untersensiblen Tastsinn vermuten. Ein Weg an der Kompensationsstrategie vorbei ist dann die bewusste Verlangsamung, direkt kommuniziert oder über kleine Aufgaben, wie beispielsweise dem Kind etwas Schweres zusätzlich zum Tragen mitzugeben oder ein Sandsäckchen zum Balancieren auf den Kopf zu legen.

Auf der anderen, eher sensiblen und nicht ausreichend ausdifferenzierten Seite kann man Kinder vermuten, die starke Ausgleichsbewegungen machen, über Balancierstangen nur im Nachstellschritt gehen, lieber seitwärts statt vorwärts balancieren oder die Höhe des Balancierelements schlicht fürchten und daher meiden. Es braucht dann gut begleitetes, freudiges Tun und kleinschrittige Erfolge.

Ein Kind, dessen Gleichgewichtssystem nicht gut ausgebildet ist, wird man außerdem selten in einer Position der stabilen Ruhe finden. Egal ob im Stehen, im Sitzen auf dem Boden, auf Stühlen oder auf Hockern, am Tisch oder im Kreis wird in kurzen Abständen die Körperlage etwas verändert. Häufig kann man am Tisch auch ein Aufstützen des Kopfes beobachten, am Boden wird am ehesten im Zwischenfersensitz gesessen. Eine weitere Beobachtung kann sein, dass das Kind sich zum Hinsetzen eher fallen lässt, dazu immer wieder neue Bewegungsschemata nutzt und dafür noch keinen Bewegungsautomatismus entwickelt hat. Hier liegt oftmals nahe, dass die muskuläre Grundspannung des Körpers, der Grundtonus, nicht ausreicht, um eine aufrechte Haltung zu unterstützen. Spiele und Aktivitäten, die diesen stärken, können längerfristig helfen.

Ebenso können sich Probleme in der Hand-Fuß-Koordination oder beim Purzelbaumschlagen zeigen, beim Schreibenlernen können Überkreuzungsprobleme auftreten.

Die folgenden Fragen können wir uns als Erwachsene stellen, um unseren eigenen Gleichgewichtssinn zu überprüfen.

- Wie lange kann ich auf einem Bein stehen?
- Wann habe ich das letzte Mal balanciert, z. B. auf einem Baumstamm, einer Bordsteinkante?
- Fühle ich im Alltag eine innere Ruhe oder bin ich häufiger unausgeglichen?
- Fühle ich mich in Konflikten oder unsicheren Situationen im Gleichgewicht oder gerate ich schnell ins Wanken?

Die pädagogische Haltung

Für die Entfaltung des Kindes und die Frage, ob es seine Potenziale auf seinem individuellen Lebensweg entfalten kann, ist maßgeblich, wie seine Umgebung gestaltet ist und wie sie sich dem Kind gegenüber verhalten wird. (Patzlaff et al. 2016, 8) Es liegt demnach vor allem an den Erwachsenen in der Umgebung des Kindes und ihrem kompetenten und pädagogisch verantwortlichen Handeln, dass ein schützender Lebens- und Entwicklungsraum für das Kind geschaffen werden kann. Die Individualität des Kindes wird so unterstützt, sich in seine Leiblichkeit zu inkarnieren. (Loebell 2016, 251; Patzlaff et al. 2016,17) Es geht um eine Art Hülle, die einerseits durch die gestaltete räumliche Atmosphäre entsteht, die Wärme und Geborgenheit vermittelt, und die andererseits durch die innere Haltung des Erwachsenen als Basis einer vertrauensvollen und wertschätzenden Beziehung gebildet wird. (Suggate 2015, 42)

Die Erwachsenen als erste Umgebung des Kindes

Die erste und wichtigste Umgebung des Kindes bilden natürlich die es umgebenden Erwachsenen. Idealerweise wenden sie sich einem Kind mit wirklichem Interesse zu und nehmen es in seiner Individualität und als Akteur seiner eigenen Entwicklung wahr. Im Spiel setzt es sich dann selbstbildend mit dem eigenen Körper und seiner Umwelt auseinander. Um die Erkundung und Erforschung seiner Umwelt (freie Exploration) gut entwickeln zu können, braucht das Kind Sicherheit und Geborgenheit, die es durch eine gute Bindung zu seinen Bezugspersonen erreicht. Je weniger ein Erwachsener eingreift und dadurch selbstständige Lösungsansätze des Kindes vorwegnimmt, desto besser kann sich dieses selbstwirksam erleben. So werden sein Selbstvertrauen und seine Autonomie gestärkt. (Patzlaff et al. 2016, 58; Steiner 1912, 428 f.) Für eine lebenslange Selbstbestimmung und den Gestaltungswillen ist gerade am Lebensanfang eine tragfähige und verlässliche Bindung zu den Bezugspersonen wesentlich. Angst und Unsicherheit können die frühe Exploration stattdessen hemmen und die Entwicklung dadurch beeinträchtigen.

Innere Haltung des Erwachsenen

Die innere Haltung der Erwachsenen ist entscheidend für die wahrnehmbare Stimmung in der Begegnung und daraus resultierend für das Verhalten des Kindes. Demnach können Erwachsene vor allem durch die eigene Selbsterziehung ihre Kinder fördern. In der Begegnung wird daran, wie das Kind in meiner Gegenwart agiert, deutlich, ob ich wirklich empathisch bin – und dies nicht nur eine gute Absicht ist. Empathie ist die zentrale Kraft in der Begegnung mit Kindern, sie gilt es auszubilden und nie zu verlieren. Zunächst geht es darum, an mir zu beobachten, ob ich in der Gegenwärtigkeit lebe und damit einen ersten Schritt zu einer förderlichen inneren Haltung entwickle:

Gegenwärtigkeit und wahrnehmen, was ist

Hierzu gehört bis in die alltäglichsten Verrichtungen hinein eine deutlich erhöhte Aufmerksamkeit. Die Grundbedingung ist die innere Bereitschaft, ganz im Hier und Jetzt zu sein, nicht abzuschweifen und auch nicht z. B. in dem Wunsch zu leben, dass die Situation oder das Verhalten des Kindes doch nur anders wäre. Anwesend und präsent zu sein, macht Empathie erst möglich. Eine solche achtsame innere Haltung bedarf der Vorbereitung, der intensiven Übung und ist nicht selbstverständlich im täglichen pädagogischen Handeln vorauszusetzen. Hilfreich ist es, innerlich kleinschrittig und wertfrei zu beschreiben, was das Kind tut oder was man an ihm wahrnehmen kann.

Authentisch und echt sein

Aus dem ersten Schritt folgt: Selber *authentisch* und *echt* zu bleiben. Das gelingt, wenn Erwachsene auf sich selbst, ihre Empfindungen und Gefühle achten. Sind sie in Übereinstimmung mit dem eigenen Handeln und Denken? Bemerke ich durch den *Blick nach innen*, wie es mir geht, habe ich die Möglichkeit, innezuhalten, zu verlangsamen oder einen Gedanken beiseitezulegen? Entscheidend ist bereits die Selbstwahrnehmung meines eigenen Zustandes und dazu authentisch zu handeln. Dadurch entsteht eine Kongruenz in meinem Auftreten, die für Kinder deutlich wahrnehmbar ist.

Akzeptanz und anerkennende Wertschätzung

In Übereinstimmung mit meinen Wahrnehmungen und meinen dazugehörigen Empfindungen und Regungen nehme ich die Situation und mein Gegenüber an. Besonders schwierige und herausfordernde Situationen zu akzeptieren, sogar wertschätzen zu lernen, ist ein wichtiger Entwicklungsschritt. Konkret heißt das: Ich sehe, was das Kind kann, was es übt, was es ausdrückt und spiegele ihm dies in einer anerkennenden Haltung. Um die Situation positiv zu beeinflussen, reicht anfangs schon ein kleiner Aspekt der Wahrnehmung. Ärgere ich mich zum Beispiel, dass ein Kind mit Stühlen wirft und schreite sofort ein, oder kann ich in der Situation bewundern, welche Kraft es aufbringt, um seinen Empfindungen Ausdruck zu verleihen? Vorausgesetzt natürlich, niemand ist in Gefahr. Der wertschätzende Blick eröffnet eine neue Perspektive, nämlich auf die Intensität des kindlichen Erlebens in diesem Moment. Sie wahrzunehmen, anzunehmen und dann auszusprechen, authentisch und ehrlich die Gefühle des Kindes zu validieren, ohne dabei das Verhalten gutheißen zu müssen, schafft dem Kind einen Raum, eine Hülle, in der es sich gesehen und angenommen fühlt. Diese Haltung ist selbstverständlich nicht nur in Extremsituationen wertvoll. Auch in banalen Situationen wie beim Anziehen der Schuhe kann ich meine wertschätzenden Wahrnehmungen teilen.

Erziehung ist Selbsterziehung

Für die Selbsterziehung zur rechten inneren Haltung braucht es von Seiten der Erwachsenen auch das Vertrauen in die kindlichen Fähigkeiten. Als Eltern oder pädagogische Fachkräfte sind wir häufig als stille Beobachtende gefragt, die Tätigkeiten, Selbstbildungsprozesse und Entwicklungsschritte des Kindes aufmerksam wahrzunehmen. Durch unsere innere Präsenz, durch Interesse und Anteilnahme bilden wir ein Gegenüber. Immer wieder fällt in solchen Situationen auf, dass Kinder sich der Gegenwart ihrer Bezugsperson rückversichern. In freudigen Situationen, wenn ihnen etwas gelungen ist, reicht oftmals ein Blick, der Wertschätzung und Bestätigung ausdrückt. In Konfliktsituationen brauchen sie helfende Worte und Gesten. Animieren und Mitspielen ist eher hinderlich für die freie Exploration des Kindes. Vielmehr sind tätige Erwachsene mit den alltäglich anfallenden Arbeiten den Kindern ein Vorbild und Anregung für ihre eigene Selbsttätigkeit.

Nicht nur was wir tun, sondern was wir denken und fühlen wird nachgeahmt

In den ersten sieben Jahren lernt das Kind nach dem Prinzip von Vorbild und Nachahmung. Für die Erziehung erfordert dies aus pädagogischer Sicht die Fähigkeit der Erwachsenen zur Selbstreflexion und Selbsterziehung. (Suggate 2015, 30 ff.) Durch die feine Wahrnehmungsfähigkeit des Kindes ist es besonders empfänglich für die Taten, Gefühle und Gedanken der Erwachsenen. Wenn wir uns bewusstmachen, dass das Kind uns in allem nachahmt, sollten wir dementsprechend die eigenen Gedanken, Handlungen und inneren Haltungen im Sinne der Professionalität bewusst hinterfragen. (ebd., 34) Die Selbsterziehung wird als Arbeit der eigenen Persönlichkeit verstanden, bei der nicht nur das äußerlich wahrnehmbare nonverbale und verbale Verhalten, sondern auch die individuelle Biografie einschließlich Wert- und Normvorstellungen reflektiert wird, um zu einer authentischen, achtsamen und selbstreflektierten Haltung zu gelangen. (ebd. 33 f.)

Die Bedürfnisse des Kindes versorgen

Es liegt also in der Hand der Erwachsenen, die nötigen Voraussetzungen zur Entfaltung des freien, selbstständigen Spiels und den damit verbundenen Lern- und Bildungsprozessen zu schaffen. (Kálló & Balog 2003, 15) Damit ein Kind überhaupt Selbsttätigkeit entwickelt und frei spielt, müssen seine körperlichen Bedürfnisse gestillt sein, und es muss emotional, seelisch ausgeglichen sein. Diese Ausgeglichenheit erreicht ein Kind durch das Gefühl, wahrgenommen zu werden. Nehmen die Erwachsenen seine Impulse und Bedürfnisse für «wahr», wirkt sich das förderlich auf seine Sicherheit aus, es fühlt sich geborgen, indem es in Beziehung ist und so den Erwachsenen vertraut. Der sich hier anbahnende Prozess führt zur sicheren Bindung als ein intrinsisches Lebensgefühl.

Verantwortung für die Umgebungsgestaltung

Eine nicht zu unterschätzende Bedeutung kommt auch der Gestaltung eines geregelten Tagesablaufs zu. Dies gibt nicht nur den Kindern Orientierung, sondern es schafft auch Erleichterung für die Betreuenden, wenn die Abläufe für beide Seiten zu einer Selbstverständlichkeit werden.

Für das Kind ist die Welt besser in ruhiger, vertrauter Atmosphäre erfassbar als in einer stetig variierenden, reizüberfluteten Umgebung. (Pikler 2008, 67 f.) Erstere bietet Hülle und Geborgenheit. Der Raum mit seinen Materialien gibt dem Kind Anreize und Wahlmöglichkeiten zum Forschen und ist somit die Grundlage für die Bewegungsentwicklung und das freie Spiel. In der Frühförderung sprechen wir von einer vorbereiteten Umgebung, welche die Entwicklung des Kindes positiv beeinflusst und aktiv fördert, indem die geistigen und kreativen Kräfte des Kindes geweckt werden. (von Allwörden & Wiese 2009, 9 f.) Das Kind muss sich sicher fühlen und gleichzeitig zum Erreichen der nächsten Entwicklungsstufe herausgefordert werden. Je altersentsprechender bzw. je mehr an den Fähigkeiten, Bedürfnissen und dem Interesse des Kindes

orientiert die Umgebung gestaltet ist, desto mehr kann das Kind Neugier und selbstständigen Lernwillen entfalten. Spielmaterial besteht deshalb auch vorwiegend aus einfachen Gegenständen, die freies Experimentieren erlauben, und nicht durch optische und akustische Stimulation zu einer Überreizung des Kindes führen oder das Experimentieren durch zu klare Vorgaben im Design einschränken. (ebd., 31) Die wesentliche Rolle der Erwachsenen ist, zu entdecken, was Kinder für ihre physische und auch seelische-geistige Entwicklung als Anregungen brauchen und danach den Raum oder in der Therapie die Angebote zu gestalten. So sind und bleiben die Erwachsenen mit ihrer Aufmerksamkeit die erste und wichtigste Umgebung des Kindes.

Aus Resonanz verstehen

Wenn wir es als unsere Aufgabe ansehen, den individuellen Lebensweg des Kindes zu begleiten, setzt dies voraus, dass wir dem Kind offen begegnen und versuchen, seine Wesenszüge, Verhaltensweisen und Spiel- und Entwicklungsthemen anzunehmen, zu verstehen und einzuordnen. Dies gilt besonders dann, wenn ein Kind auffälliges Verhalten zeigt, wie es in der Frühförderung der Fall ist. Aber auch in der Familie und in Betreuungseinrichtungen begegnen uns immer mehr Kinder, deren Verhalten bei uns Fragen aufwirft und uns zuweilen an unsere Grenzen bringt. Häufig erleben wir, dass versucht wird, das Verhalten des Kindes zu ändern, sodass es für uns, die Kitagruppe, den Familienalltag erträglicher ist bzw. in die Norm unserer Gesellschaft passt. Dabei sollte jedes Verhalten als eine sinnvolle Selbstmitteilung verstanden werden, durch die ein Bedürfnis zum Ausdruck gebracht wird. Jede Bewegung und jede Handlung, z. B. im kindlichen Spiel, dient somit als Symbolisierung bestimmter Entwicklungs- oder Lebensthemen. (Kuhlenkamp 2017, 28 f.) Unsere Aufgabe ist es daher vor allem, zu versuchen, den Sinn hinter der jeweiligen Ausdrucksform zu verstehen. Der Weg setzt am Nicht-Verstehen an, denn nur wer sich seines Nicht-Verstehens bewusst ist und das Bekannte hinterfragt, kann sich dem Neuen öffnen. (Seewald 2007, 24) Mit der richtigen Einstellung kann sich aus dem Zulassen der eigenen Verunsicherung ein Weg entwickeln, der Diagnostik und Therapie letztendlich zugutekommt.

Ansätze zum Verstehen des kindlichen Verhaltens

Es gibt unterschiedliche Formen von Sinn- und Verstehensprozessen. Naheliegend ist es, zunächst den expliziten Sinn herzuleiten, indem wir das Verhalten des Kindes in einen bekannten Kontext einordnen, z. B. in das Lebens- und Familienumfeld des Kindes oder in bestimmte Entwicklungstheorien. Dafür können wir uns verschiedene Fragen stellen:

Auf das Kind bezogen

- Welches Bedürfnis könnte hinter dem Verhalten stehen?
- Kann das Verhalten als Ausdruck von mangelnder Autonomie oder mangelnder Bindung gedeutet werden?

- Macht das Kind einen Wachstumsschub durch?
- Kommen aufgrund von Alter oder Entwicklungsstand Themen wie die Trotzphase oder der Rubikon infrage?
- Kann es sich sprachlich altersgerecht ausdrücken? Seine Bedürfnisse äußern?
- Befindet es sich im Zahnwechsel?

Auf Kind und Umwelt bezogen

- Findet das Verhalten in verschiedenen Kontexten statt, z. B. in Kita und in der Familie?
- Wird das Kind mit seinen Bedürfnissen und Äußerungen in den jeweiligen Situationen, in denen das Verhalten auftritt, ausreichend wahrgenommen?

- Wie sieht die aktuelle familiäre Situation aus?
- Wie ist die Belastungssituation der Eltern? Gibt es wirtschaftliche oder gesundheitliche Sorgen und Nöte?
- Haben Veränderungen oder Umbrüche stattgefunden (Umzug, Geburt eines Geschwisterkindes)?
- Gibt es Veränderungen in der Beziehung der Eltern bzw. innerhalb der Familie? Gibt es aktuelle Konflikte?
- Gab es Schicksalsschläge (Krankheit oder Tod eines Familienmitgliedes)?

- Wie ist die aktuelle Situation in der Kita bzw. Einrichtung?
- Wie ist die Belastungssituation für die Fachkräfte?
- Gibt es hier Veränderungen oder Umbrüche (neue Fachkräfte, Abschied von anderen Kindern oder Fachkräften)?
- Gibt es Konflikte auf der Teamebene, die für Spannungen im Alltag sorgen?

So können wir unser Verständnis durch jedes neue Detail stetig erweitern, bis ein Bild entsteht, welches uns Aufschluss über das kindliche Verhalten oder andere belastende Phänomene geben kann.

Leibliches Spüren

Nun ist es in vielen Fällen jedoch so, dass wir keinen expliziten Sinn im Verhalten des Kindes zu finden scheinen. An dieser Stelle kommt das auf den impliziten, verborgenen Sinn gerichtete leibphänomenologische Verstehen ins Spiel. In diesem Kontext bedeutet Leib, vereinfacht ausgedrückt, alles Spürbare vom und am Körper. Der Leib soll hier als der Raum verstanden werden, in dem Stimmungen und Gefühle als Regungen spürbar sind. (Breyer 2015, 49) An dieser Stelle ist von Vorteil, sich bewusst Zeit zu nehmen und die folgenden Beispiele auch spürend nachzuvollziehen, um den Inhalt zu verstehen.

Leibliche Regungen sind Phänomene wie eine vor Stolz geschwellte Brust, die am Leib spürbare Beengung der Angst, die Schmetterlinge im Bauch beim Verliebt-Sein, das Flattern in der Brust oder das flaue Gefühl im Magen bei Nervosität, oder die ganzheitlich spürbare Trägheit der Müdigkeit. Leibliche Regungen sind also nicht nur mit unserem Körper und seinem Zustand, sondern auch eng mit unserem seelischen Empfinden und unseren Erfahrungen verbunden. Sollte eines der Beispiele auf einer Erfahrung basieren, die selbst noch nicht gemacht wurde, kann es daher schwer sein, sie leiblich nachzuempfinden.

Leibliches Spüren im Zwischenmenschlichen

Wir nehmen leibliche Regungen zunächst unbewusst wahr, auch, wenn wir nicht selbst der Ursprung der zugrundeliegenden Gefühle, Erfahrungen und körperlichen Zustände sind, sondern ein anderer Mensch in unserer unmittelbaren Umgebung. Wir können uns von der guten Laune einer Freundin oder eines Freundes anstecken lassen, sodass wir deren Freude auch als unsere eigene wahrnehmen können, aber uns genauso von der Trägheit einer anderen Person lähmen lassen. Dies hat zur Voraussetzung, dass wir dafür offen sind. Unsere Offenheit, sich leiblich von einem anderen Menschen affizieren zu lassen, ist meist nicht bewusst gewählt, dennoch ist es möglich, dies zu tun. Ebenso wie wir uns bewusst gegenüber einem Menschen verschließen und abgrenzen können, können wir uns auch bewusst für ihn und seine Regungen öffnen und den eigenen Leib als Resonanzraum nutzen.

- Werde ich aufgeregt oder angespannt in der Gegenwart des Kindes?
- Wird mein Atem schneller, mein Puls höher?
- Bin ich unruhig? Genervt? Versuche ich, mich innerlich zu entziehen?
- Werde ich lethargisch? Werde ich überaktiv und stelle immer neue Angebote zur Verfügung?
- Bin ich innerlich überheblich? Zynisch? Versuche ich, Schuldige zu finden?
- Verspüre ich Unsicherheit, Ängstlichkeit?

Diese Fragen können uns an uns selbst zeigen, was das Kind mit seinem Auftreten zum Ausdruck bringt. Daher ist wichtig, seine Eindrücke mit anderen Menschen abzugleichen und über ausgiebige Selbstreflexion ein genaueres Bild von sich selbst zu bekommen. Je genauer die eigenen Persönlichkeitsanteile bekannt sind, desto eher kristallisieren sich die Eindrücke heraus, die vom Kind und seinem Auftreten in die zwischenmenschliche Resonanz gebracht werden. Die Tatsache, dass der Leib ein Resonanzkörper sein kann, der die innerseelischen ebenso wie die zwischenmenschlich erzeugten Schwingungen wahrnehmbar werden lässt, bedarf einer achtsamen Beobachtung und anschließender Reflexion. Wenn wir uns die Resonanz in uns und ebenso bei dem Kind vor Augen halten, wird uns verständlicher, wie wir das scheinbar völlig verborgene Seelenleben des anderen ahnend zu erfassen vermögen. Dieses wechselseitige Geschehen kann als zwischenleibliche Kommunikation verstanden werden. (Fuchs 2000, S. 248)

Leibphänomenologisches Verstehen

Beim leibphänomenologischen Verstehen geht es noch einen Schritt weiter, nämlich zum Bewusstmachen leiblicher Regungen beim Kind. Ich schaue innerlich nicht mehr nur auf mein eigenes Spüren, sondern versuche, meine Aufmerksamkeit, mein Ich, meinen Leib auf zwei Aspekte zu fokussieren: einerseits das leibliche Erleben des Kindes, andererseits die in mir dabei auftretenden Regungen. Durch das bewusste Nachahmen des Kindes entstehen leibliche Regungen sowie innere Resonanzen bei mir. Dafür muss das Nachahmen ein authentischer Versuch sein, sich der gesamtleiblichen Verfassung, dem Verhalten und der Situation des Kindes anzunähern.

Im aufrichtigen Nachahmen und Mitempfinden wird es möglich, dass ich Teile des verborgenen Seelisch-Geistigen im Gegenüber wahrnehmen kann, z. B. anhand der Gangart, die ich am eigenen Leib rekonstruiere und mich so ein Stück in das Wesen des Gegenübers einlebe.

Rudolf Steiner beschreibt ein ähnliches Vorgehen schon im «Heilpädagogischen Kurs», wenn er über das Mitleid mit einem Kind spricht. In Abgrenzung zum heutzutage üblichen Verständnis des Mitleides kann hierunter auch ein empathisches Mitfühlen, ein Sich-Einfühlen, ja sogar ein «wie Hereinschlüpfen» in das Kind gemeint sein. (Steiner 1979, 34) Aus diesem leiblichen Nachempfinden entstehen dann eigene leibliche Regungen, die als Entdeckung authentischer Eindrücke über das Kind dienen können.

Zunächst schlüpfe ich wie in das Gegenüber hinein, um dann den Blick auf die eigene Leiblichkeit, den Resonanzkörper in mir zu lenken. Mit meiner bewussten Wahrnehmung fahre ich also zweigleisig: Ich bin gleichzeitig bei mir und beim Gegenüber. Eine solche reflektierte Selbstzugewandtheit, das aufmerksame Hinspüren und Vergegenwärtigen von Atmosphären und Stimmungen, die über die leibliche Resonanz zum Ausdruck kommen, sind ein wichtiges Element der pädagogisch-therapeutischen Arbeit. (Seewald 2007, 28 ff.)

In der Begegnung belasse ich es erstmal bei den Wahrnehmungen. Erst im Anschluss werden die Wahrnehmungen bewusst reflektiert und können so zum Verstehen des Kindes beitragen.

- Was habe ich gespürt?
- Wie lässt sich die Regung beschreiben?
- Welche Gefühle sind in mir aufgekommen?
- Welche Bilder, welche Gedanken und Assoziationen hatte ich?

Für diese Verfahrensart gibt es einige Aspekte, die beachtet werden müssen. Voraussetzung jeglichen Einspürens ist die genaue Wahrnehmung, die aus einer vorurteilsfreien Beobachtung entsteht. Dazu ist es wichtig, schon vor der Begegnung mit dem Kind jegliche mitgebrachten Vorstellungen, Begriffe und sonstigen Konzepte und Ideen fallen zu lassen. Nur so wird es überhaupt möglich, mit seiner Wahrnehmung ganz beim Gegenüber zu sein. Nicht umsonst ist es bei uns in der Frühförderstelle und in vielen therapeutischen Settings Usus, die bereits vorliegenden Diagnosen und Anamnesen neuer Klienten und Klientinnen nicht schon zu lesen, bevor es in die erste Begegnung geht. So bleibt es möglich, sich der Unvoreingenommenheit in der Begegnung zumindest anzunähern.

Eine weitere Voraussetzung ist es, in der Begegnung innezuhalten und nicht gleich jede neue Beobachtung mit Fachwissen und praktischen Erfahrungen zu verknüpfen. Schnell erliegen wir dem Drang des eigenen Denkens, Beobachtungen und Wahrnehmungen einzuordnen, assoziativ weiterzudenken und Urteile zu bilden. Innerlich bewegen wir uns dabei von der reinen Beobachtung des Gegenübers zurück in die eigene Vorstellung, fügen unbewusst die alleinstehende Beobachtung in ein vorgefertigtes Konstrukt ein und verschließen uns damit weiteren Wahrnehmungen, die in dieses Konstrukt nicht hineinpassen.

Um in Resonanz zu kommen, gilt es, dem zu widerstehen und stattdessen im Moment zu bleiben. Dies bedarf der Übung. In Achtsamkeitsmeditationen oder auch der ersten Nebenübung Rudolf Steiners, der sogenannten Gedankenkontrolle, wird genau dieses Innehalten und die Kontrolle über das eigene Denken zum Thema. Im Sinne der Selbsterziehung der Erwachsenen ist es somit hilfreich, sich hiermit zu befassen.

Ein Bild, das in der Frühförderstelle *Haus des Kindes* den hier beschriebenen Zustand von innerer und äußerer Zuwendung repräsentiert, ist der «Wagenlenker von Delphi». Dies ist eine Bronzestatue aus der griechischen Antike, die heute im Archäologischen Museum in Delphi steht. Der Wagenlenker ist unvollständig, ihm fehlt ein Arm und weder seine Pferde noch der zugehörige Wagen konnten vollständig gefunden werden. Dennoch ist die im Original lebensgroße Statue ein wirksames Bild.

Die aufrechte Körperpräsenz des Wagenlenkers vermittelt eine Gegenwärtigkeit im Hier und Jetzt. Er hält mit konzentrierter Gelassenheit, ohne übermäßige Anspannung die Zügel und ist dennoch ganz eins mit seiner Tätigkeit. Sein Blick vermittelt ruhige Zuversicht und

gleichzeitig hohe Aufmerksamkeit. Es wirkt, als würde er gleichzeitig nach innen wie auch nach außen blicken. Ein Schwarz-Weiß-Druck des Wagenlenkers hängt im *Haus des Kindes* und bietet so die Möglichkeit, sich im Kontakt mit dem Bild in die richtige Stimmung einzuschwingen.

Intuition aus der Resonanz heraus entwickeln

Aus dem beschriebenen inneren Spüren heraus kann in der Situation schon eine Intuition entstehen, aus der heraus wir erkennen, was das Kind brauchen könnte und was im pädagogisch-therapeutischen Sinne unser Auftrag ist. Durch unser Innehalten und das Loslassen von mitgebrachten Vorstellungen, Phantasien, Bildern und Plänen erfassen wir am ehesten, welchen Weg wir mit dem einzelnen Kind gehen könnten.

Dabei kann häufig die Erfahrung gemacht werden, dass aus der Wahrnehmung des inneren Ungleichgewichts, der Extreme im Auftreten und dem zugrundeliegenden leiblichen Befinden des Kindes wie selbstverständlich bei uns der Wunsch oder das Bedürfnis nach Ausgleich entsteht. Aus dem selbst empfundenen Ungleichgewicht und der Disharmonie im kindlichen Leib entsteht die Intuition, was es braucht. Häufig wird dabei unbewusst an eigene Erfahrungen angeschlossen. Um nützliche Intuitionen zu entwickeln, ist es also vor allem wichtig zu wissen, wie sich die Angebote, die dem Kind gemacht werden können, anfühlen. Wie verändern sie das eigene leibliche Empfinden, welche Art von Begleitung ist für die Erfahrung förderlich und welche Sinne werden dabei angeregt?

Für die längerfristige Begleitung des Kindes im pädagogisch-therapeutischen Sinne muss ich immer wieder reflektieren, ob die Maßnahmen, die auf diesem Wege gefunden wurden, die Entwicklung des Kindes tatsächlich voranbringen. Evidenz und Entwicklungsfortschritt sind die Variablen, an denen ich die Maßnahmen, die aus der Resonanz resultieren, kritisch überprüfen kann und muss.

«Intuition und Beobachtung sind die Quellen unserer Erkenntnis.»
Steiner 1894, 64

Die Sinne sind unsere Tore zur Welt. Tastsinn, Lebenssinn, Bewegungssinn und Gleichgewichtssinn bilden dazu die Basis. Die Auswahl der folgenden Frühförder-Module sind diesen Sinnen zugeordnet.

Module

Einleitung Module

Über mehr als 20 Jahre Frühförderpraxis haben sich im *Haus des Kindes* Module entwickelt, die gerne und häufig verwendet werden. Sie sind ursprünglich aus der Beobachtung entstanden, was Kinder in ihrer Individualität an Sinnesförderung brauchen. Über die Exploration sowohl von Erwachsenen mit unterschiedlichsten therapeutischen sowie pädagogischen Ausbildungen als auch von jedem Kind, welches über die Jahre die Einrichtung besucht hat, ist ein Katalog an Fördersequenzen gewachsen, deren wesentlicher Kern im folgenden Abschnitt des Buchs abgebildet ist.

Die einzelnen Module sind nach den jeweiligen basalen Sinnen unterteilt, die sie hauptsächlich fördern. Eine Aktivität, die nur einen einzelnen Sinn bedient, ist eher selten. Je nach Auslegung des Fokus können sich sogar auch andere Schwerpunkte ergeben. Ein Kirschkernbad ist beispielsweise Tastsinnpflege, kann aber auch offenbaren, wie das Kind mit Spannungen und Rückschlägen im Spiel umgeht, durch die Bewegungsqualität in den Kirschkernen etwas über den Bewegungssinn vermitteln und den Gleichgewichtssinn daran zeigen, wie es die Lageveränderungen seines Körpers beim Spiel ausgleicht. All diese Phänomene können in der Begleitung aufgegriffen werden, vormals ist aber die Entwicklung des Tastsinnes Thema.

Zur Veranschaulichung der Module sind sie in unterschiedliche Abschnitte unterteilt. Zu Beginn steht ein Impulskasten nur mit den nötigsten Infos zur Übersicht. Die Förderschwerpunkte speisen sich zu Teilen aus dem ICF-CY, der internationalen Klassifikation der Funktionsfähigkeit, Behinderung und Gesundheit, welche zur Erstellung von Förder- und Teilhabeplänen genutzt wird. Außerdem sind hier ergänzend Aspekte aus dem hessischen Bildungsplan für Kinder von 0–10 Jahren zu finden sowie eigens gesammelte Aspekte, die aus unserer Beobachtung der Entwicklung von Kindern für solche Aktivitäten wichtig sind. Die jeweils aufgeführten Materialien können zum Großteil in der Materialliste (S. 162) nachgeschlagen werden, in der sich auch unsere Bezugsadressen finden.

Im Anschluss vollziehen wir die Sequenzen im Dreischritt, ähnlich einer Bildbetrachtung. Der erste Abschnitt beschreibt auf einer rein physischen, möglichst wertfreien Ebene den Ablauf des Moduls. Im zweiten Abschnitt wird das seelische Erleben thematisiert. Da dies für jedes Kind und jeden Menschen höchst individuell ist, sind hier anekdotische und beispielhafte Erfahrungen gleichermaßen aufgeführt, so, wie sie sich uns in der täglichen Praxis präsentieren. Zum Abschluss dann die Erkenntnisebene: Was kann das Modul für die Entwicklung des Kindes bewirken? Welche Schlüsse kann man aus den Erfahrungen der Sequenz ziehen?

Die Module sollen als Anregungen dienen. Sie haben sich über einen langen Zeitraum entwickelt und haben dennoch keinerlei Anspruch auf Vollkommenheit. Individuelle Abwandelungen, Experimentieren und Raum für Intuition sollen unbedingt Teil jeder Durchführung sein. Ebenso ist es nicht zwingend notwendig, das beschriebene Material genau in der Form wie wir es beschreiben vorliegen zu haben. Not macht erfinderisch, vor allem, wenn verinnerlicht wurde, worauf es in der Begleitung der Aktivitäten eigentlich ankommt, nämlich die eigene innere Haltung im Sinne der vorausgegangenen Kapitel beim Lesen und Durchführen der Module zu reflektieren.

Wir starten mit zwei Aktivitäten, die allen Menschen, die sich mit Kindern und Kindheit beschäftigen, bestens bekannt sind, aber unter Umständen nicht als Fördersequenzen betrachtet werden. Danach folgen die vier Abschnitte der basalen Sinne. Zum Abschluss kommen Module, die stets mit allen Sinnen die Welt erfahrbar machen und sich durch ihre Ganzheitlichkeit jeglicher Zuordnung entziehen.

Tastsinn

Lebenssinn

Bewegungssinn

Gleichgewichtssinn

An- & Ausziehen

ZIELGRUPPE
alle Altersstufen

WORUM GEHT'S?
Schuhe und Jacken an- und ausziehen als Ritual vor und nach der Förderstunde

WORAUF ACHTEN?
Was kann das Kind schon, was übt es gerade, kann es seine Bedürfnisse äußern? Wieviel Hilfe gebe ich, damit das Ziel erreicht wird?

FÖRDERTHEMEN
- Tastsinn, Lebenssinn, Bewegungssinn, Gleichgewichtssinn
- Koordination von Willkürbewegungen, Feinmotorischer Handgebrauch, Funktionen des Muskeltonus
- Frustrationstoleranz, Fachkraft-Kind-Bindung, Wärme, zur Ruhe kommen
- Problemlösefähigkeit, Handlungskompetenz, Selbstwirksamkeitsüberzeugung, Konzentration und Aufmerksamkeit

MATERIALIEN
Sitzbänke oder Hocker, bei denen die Füße des Kindes sicher auf dem Boden sind und die Erwachsenen bequem auf Augenhöhe gegenüber sitzen können

Jede Fördereinheit beginnt und endet mit einer Übergabesituation. Abgesehen vom Treppensteigen ist das An- und Ausziehen von Jacke und Schuhen das erste und letzte, was die Fachkräfte mit den Kindern ohne Begleitung der Eltern machen. Hierfür gibt es vor den Therapieräumen massive Holzbänke in kindgerechter Höhe, oder kleine Hocker als Sitzgelegenheiten. Die Fachkraft lädt zuerst das Kind zum Sitzen ein und setzt sich dem Kind gegenüber. Je nach Jahreszeit sind es manchmal nur Schuhe und Socken oder zusätzlich Jacke, Matschhose, Mütze, Schal und Handschuhe, die

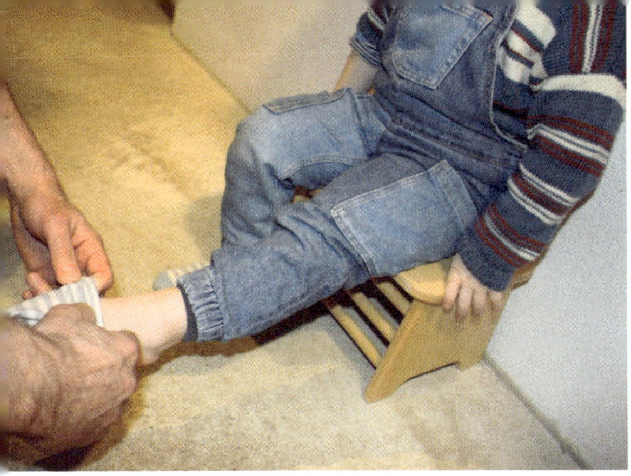

nacheinander abgelegt werden. Die Fachkraft wartet ab, ob das Kind einen Impuls hat, sich selber auszuziehen, und unterstützt den Prozess durch Sprechen und Spiegeln dessen, was das Kind tut. Sie beobachtet, was das Kind kann, lässt ihm Zeit zu üben und unterstützt im dialogischen Miteinander. Ob mit tatkräftiger Hilfe, verbaler und nonverbaler Begleitung oder wie selbstverständlich alleine, das Umziehen ist ein festes Ritual beim Ankommen und Ablösen.

Häufig erscheint das Umziehen im pädagogischen Kontext als nebensächliche Alltagshandlung, als Hindernis, bevor eigentlich wertvolle Aktivitäten durchgeführt werden können. Das selbsttätige, begleitete An- und Ausziehen ist jedoch eine zentrale pädagogische Aktivität im Spannungsfeld von Bindung und Autonomie. Durch die bewusste Körperpositionierung der Fachkraft wird diese erste, für manche Kinder recht knifflige Aufgabe der Fördereinheit klar gerahmt. Als Gegenüber spiegelt die Fachkraft die Anstrengungen des Kindes und hilft, einerseits durch Abschirmen des restlichen Raumes, andererseits durch eigene Konzentration dem Kind dabei, den Fokus ganz auf die aktuelle Aufgabe zu legen. So entsteht ein kleiner pädagogischer Raum, in dem das Kind sich und seine Autonomie in der warmen Aufmerksamkeit der Fachkraft erleben kann. Denn die Fähigkeit, sich selbstständig an- und ausziehen zu können, ist eine wertvolle Alltagskompetenz. Sie ermöglicht, den eigenen Körper wahrzunehmen, und zeigt dem sich entwickelnden Kind täglich, dass Anstrengungen Ergebnisse zeigen und diese mit Übung immer besser, irgendwann selbstverständlich werden.

Je nach Kleidung des Kindes sind die Bewegungsabfolgen, die zum Umziehen nötig sind, unterschiedlich komplex. Dennoch kann in jedem Schritt die aktive Teilnahme des Kindes eingebunden werden, um so die Koordination von einfachen und komplexen Handlungsabläufen zu üben. Ob grobmotorische Bewegungen wie das Ausziehen einer Mütze und das Schlüpfen in einen Stiefel oder eher feinmotorische Aktivitäten wie Reißverschlüsse einfädeln und Knöpfe zumachen – das Umziehen bietet vielfältige Impulse zur Entwicklung des Kindes. Dazu benötigt es ein gewisses Maß an Körperspannung, die Füße hoch genug zu heben, um Schläppchen, Schuhe oder Stiefel eigenständig anzuziehen. Wie beim Erlernen einer jeden Fähigkeit wird auch hier die Entwicklung von Konzentration, Aufmerksamkeit und Frustrationstoleranz gefördert und in der Begleitung in eine warme und wertschätzende Bindungserfahrung gehüllt. Je weniger die Fachkraft auf der konkreten Handlungsebene einwirkt, desto mehr kann das Kind selbstwirksam die Überzeugung von Problemlösefähigkeit und effektiver Handlungskompetenz gewinnen und seine Selbstbestimmung stärken.

Aufbauen & Aufräumen

ZIELGRUPPE
alle Altersstufen

WORUM GEHT'S?
Vorbereitete Umgebung oder Gestaltung des gemeinsamen Aufbauens und Aufräumens

WORAUF ACHTEN?
Innerlich klare Abläufe zu fassen, sorgt für Klarheit in der Umsetzung. Eigene Normen und Werte zum Aufräumen sollten kritisch reflektiert werden

FÖRDERTHEMEN
- Tastsinn, Lebenssinn, Bewegungssinn, Gleichgewichtssinn
- Koordination von Willkürbewegungen, Funktionen des Muskeltonus, Feinmotorischer Handgebrauch, Psychomotorische Funktionen
- Wahrnehmen und Einhalten von Grenzen, Kommunikationsfähigkeit, Kooperationsfähigkeit, Fachkraft-Kind-Bindung, Wärme, Geborgenheit
- Problemlösefähigkeit, Handlungskompetenz, Konzentration und Aufmerksamkeit, Bewusstsein für Regeln, visuelles und räumliches Vorstellungsvermögen

MATERIALIEN
Alles, was benötigt wird

Fast alle Sequenzen, die in diesem Buch gesammelt sind, haben eine Sache gemeinsam. Sie benötigen anfangs irgendeine Art von Aufbau und zum Schluss wird meist etwas aufgeräumt. Je nach Alter und Entwicklungsstand des Kindes ist es sinnvoll, die Räume entweder vorzubereiten oder aber den Aufbau für die Stunde gemeinsam zu gestalten. Besonders bei Kleinkindern wird ähnlich wie in einem Pikler-Spielraum die Umgebung vorbereitet. Die Fachkraft legt verschiedene Materialien gut sichtbar auf dem Teppich oder im Kirschkernkorb aus und das Kind kann gleich nach einem Anfangsritual sein Spiel aufnehmen. Mit zunehmendem Alter sind die Kinder in der Lage, beim Aufbau der Sequenzen zu unterstützen. Sie legen eigenständig kleine Bewegungselemente wie Wackelscheiben, Sandsäckchen oder Kissen im Kletterparcours aus, stellen die Hocker für Handgestenspiele bereit, betätigen den Karabinerhaken der Hängematte und vieles mehr. Später können sie auch beim Manövrieren der größeren Elemente unterstützen, denn überall, wo sie eine Aufgabe übernehmen können, werden sie miteinbezogen. Gleichermaßen verhält es sich auch beim Aufräumen nach einer Sequenz. Kleinere Kinder nehmen den Aufräumprozess noch am tätigen Vorbild wahr. Die Fachkraft ordnet und bringt alle Materialien zurück an deren festen Platz. Mit der Zeit kann das Kind eine unterstützende, später teilnehmende und zuletzt gleichwertige Rolle einnehmen. Dafür wird fürs Aufräumen immer genügend Zeit miteingeplant, sodass das Kind diese Rolle auch erfüllen kann, selbst wenn es dies nicht gewohnt ist.

Kleinkinder betreten den vorbereiteten Raum. Es leuchtet warmes Licht, die Hocker für ein anfängliches Handgestenspiel stehen schon bereit, genauso wie die Spielelemente, die meist bereits aus der vergangenen Woche bekannt sind. Mit Sorgfalt und Bedacht wurden die Materialien ausgelegt, eine Stimmung, die für Kinder im Raum spürbar bleiben kann. Beim Aufräumen wird die Fachkraft zuerst lediglich wahrgenommen, in ihrer Zielstrebigkeit und der inneren Ordnung, die in der Handlung sichtbar wird. Es ist für viele Kinder eine Freude, dabei helfen zu können und Teil des Geschehens zu sein. Einzelne Gegenstände werden den Erwachsenen gereicht, die sich wiederum Zeit nehmen, das Kind miteinzubinden. Mit zunehmendem Alter erweitern sich die Möglichkeiten. Kinder halten Veränderungen in der unmittelbaren Umgebung besser aus, verarbeiten sie schneller und werden durch diese nicht verunsichert. Vielmehr entsteht ein Interesse, eine Neugier am Gestalten des Raumes. Es werden schwere Gegenstände geschleppt, um die eigene Kraft zu erproben, Materialien vorfreudig ausgesucht und genauestens hingelegt, in dem wachsenden Bewusstsein, dass die eigenhändige Vorbereitung das bevorstehende Spiel beeinflusst. Im Spiel werden gerne noch zusätzliche Materialien einbezogen, auch Schmutz und Unordnung entstehen natürlicherweise, ob aus Unachtsamkeit oder als Teil des Schaffens. Im Prozess darf etwas danebengehen, ob Sand, Kirschkerne, Wasser, Sägespäne oder Asche. All das gehört dazu und wird später aufgeräumt. Später gilt es dann, dem unbekümmerten Versprechen nachzukommen. Manche Kinder kostet es viel Kraft, das umzusetzen. Eine ungeheure Menge an Kirschkernen im Raum verteilt kann lähmend wirken, vielleicht ist das

Aufräumen von Zuhause oder aus der Einrichtung als ungeliebte und stressige Aufgabe bekannt. Hat die Fachkraft selber Freude am Ordnen und elebt die Sinnhaftigkeit des Aufräumens als Abschluss einer Tätigkeit, entsteht ein freudiges Miteinander. Das Kind erfährt Ruhe und es wird selbstverständlich, dass alle Dinge ihren Platz haben. «Erst räumen wir auf, dann machen wir etwas anderes» ist keine Drohung, keine Überpädagogisierung von Spiel und Spaß, sondern kann Ausdruck einer Unbekümmertheit gegenüber dem Selbstverständlichen sein. So oder so ist es eine klare Grenze, die von einem empathischen Gegenüber gezogen wird. Für manche Kinder ist das Aufräumen sowieso schon kein schlimmes Thema, immerhin kann man genauso schleppen, sortieren und wirken wie vorher beim Aufbau auch.

Die Vorbereitung ermöglicht ein sicheres Ankommen, sorgt für Wärme sowie Geborgenheit und erleichtert dem Kind so das Aufgreifen von Spiel- und Entwicklungsthemen. Beim gemeinsamen Aufbauen und Aufräumen ist es kaum möglich, sich auf einen Förderschwerpunkt festzulegen. Je nach Material sind andere Herausforderungen dran, die es erlauben, Kraft aufzuwenden, räumlich zu denken, sorgfältig zu sein, Probleme und Herausforderungen gemeinsam sowie eigenständig zu lösen, anzupacken, Spannung zu erleben, sich zu bewegen und Dinge ins Gleichgewicht zu bringen. Sehr gut greifbar wird auch das Thema der Prozesshaftigkeit jeglichen Handelns. Es gibt zuerst einen Impuls, was getan werden könnte, in der Gestaltung dann einen Anfang, im Spiel eine Schaffensphase und im Aufräumen ein Ende. Die Selbstverständlichkeit und Ruhe im Aufräumen zu erleben gibt dem gesamten Spielprozess seinen Abschluss. Somit kann das Kind den Prozess als fertig erleben und verarbeiten. Außerdem lernt das Kind, Sorgfalt in die Pflege seines Umfelds zu stecken, erlebt sich selbsttätig im Wiederherstellen des bekannten Urzustandes des Raumes und erfährt immer wieder, alles was ich unordentlich mache, ist nicht schlimm, denn ich kann auch wieder Ordnung schaffen. Im *Haus des Kindes* hat jedes Spielmaterial seinen eigenen festen Platz. Das erleichtert Kindern die Aufgabe, selbstständig aufzuräumen, schafft Klarheit und auch als Fachkraft kann man sich darauf verlassen, das richtige Material für die aktuelle Situation genau da zu finden, wo man es erwartet.

«Berührung ist Verbindung
und Trennung zugleich.»
Novalis

Tastsinn

Der Tastsinn ist das Fundament für eine gute Entwicklung. Er entwickelt sich bereits ab der achten Schwangerschaftswoche und bleibt ein Leben lang von großer Bedeutung.

Kirschkernbad

In jedem Therapieraum im *Haus des Kindes* befindet sich ein Kirschkernbad. Dabei handelt es sich um mit Kirschkernen gefüllte Weidenkörbe, Tonnen oder Wannen, in die sich die Kinder setzten oder legen können. In den Kernen sind Schätze versteckt, z. B. Steine, Muscheln und Murmeln in verschiedenen Größen. Zusätzlich gibt es Eimer, kleine Töpfe, Schalen, Gläser sowie Schaufeln, die im zweiten Schritt mit in die Wannen genommen werden können. Die Kinder befühlen die Kerne, sie graben ihre Hände oder Füße darin ein oder lassen die Kerne über die Haut rieseln. Sie befüllen Gefäße, üben sich beim Umfüllen in Mengenverhältnissen, gießen die Kerne wieder aus, graben Kuhlen oder formen Hügel. Dabei werden Schätze mit ausgegraben, die nach und nach immer gezielter gesucht werden. Wenn ein Kind möchte, kann es sich in den Kirschkernen eingraben lassen, vielleicht zunächst nur die Beine, später auch den Bauch, die Arme und die Brust bis zum Kopf. Viele Kinder haben Freude daran, ihre eingegrabene Silhouette mit den vorher gefundenen Schätzen zu schmücken. Die Fachkraft sitzt mit Abstand auf einem Hocker, sodass das Kind nicht in seiner Autonomie gestört wird. Die Interaktion geht in der Regel vom Kind aus und wird ggf. durch die Fachkraft ver-

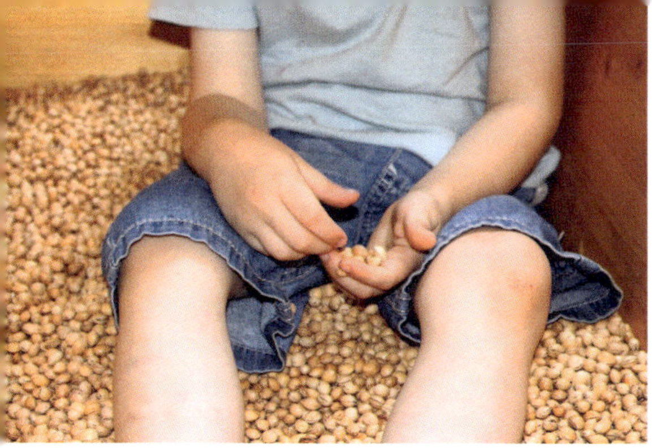

ZIELGRUPPE
ab 2–3 Jahren

WORUM GEHT'S?
Kinder können im Kirschkernbad eine intensive und angenehme Tastsinnerfahrung machen

WORAUF ACHTEN?
Kirschkerne tendieren dazu, in Ärmeln, Hosen und jeder kleinen Falte in der Kleidung zu landen. Vor dem Aussteigen gut abklopfen und ausschütteln. Einsammeln der Kirschkerne gehört dazu

FÖRDERTHEMEN
- Tastsinn, Lebenssinn, Bewegungssinn, Gleichgewichtssinn
- Die Propriozeption betreffende Funktionen, feinmotorischer Handgebrauch, Funktionen des Muskeltonus, Koordination von Willkürbewegungen, Körperwahrnehmung
- Frustrationstoleranz, Fachkraft-Kind-Bindung, Geborgenheit
- mathematische Vorläuferkompetenzen, Konzentration und Aufmerksamkeit

MATERIALIEN
Kirschkerntonne, Kirschkernkorb, Kirschkernwanne, Schalen, Schätze wie Murmeln, Kastanien, Steine, Muscheln, Eimer

stärkt. Es gibt nur eine Regel, die Kerne bleiben in dem Gefäß. Sollte das Kind sie dennoch hinauswerfen, bitten wir das Kind auszusteigen und mit uns zusammen alle Kerne wieder einzusammeln.

Das Erlebnis in den Kirschkernen ist für manche Kinder zunächst ungewohnt und sie sind über kleine Störungen irritiert, z. B. wenn ein Kirschkern im Ärmel oder zwischen den Zehen hängen bleibt. Andere wiederum tauchen direkt tief in die Kerne ein. Manche trauen sich nur an der Oberfläche nach Schätzen zu suchen, andere graben mit den Händen bis auf den Grund. Die Schätze werden den Erwachsenen gezeigt und gereicht und es entsteht ein dialogisches Spiel. Einzelnen Kindern fällt das Geben und Nehmen der Schätze schwer und sie brauchen Zeit, um sich darauf einzulassen. Gemeinsam wird ein Rhythmus von hin und her gefunden, entweder von einer Hand in die andere, oder in die Hand der Fachkraft, oder von einem Gefäß in das andere.

Das Spiel im Kirschkernbad ist eine intensive Tastsinnerfahrung und fördert vor allem die Körperwahrnehmung. Über die taktilen Reize der Haut werden die äußeren Körpergrenzen spürbar. Durch Anspannung und Entspannung der Muskeln und Positionsveränderungen bei der Bewegung in den Kernen wird die Tiefensensibilität bzw. propriozeptive Wahrnehmung angeregt. Die Stimulation des Tastsinns unterstützt die Wahrnehmungsverarbeitung, wodurch taktile Unter- oder Überempfindlichkeiten ausgeglichen werden können. Mit zunehmender Differenzierung der Wahrnehmungsfähigkeit fällt es den Kindern leichter, verschiedene Reize haptisch zu unterscheiden und so z. B. Schätze in den Kirschkernen zu finden. Über den Effekt der Wahrnehmungsförderung hinaus kann sich ein Kind im Kirschkernbad als umschlossen und geborgen erleben. Insbesondere für Kinder, die in ihrer frühen Lebensphase einen Mangel an Geborgenheit erlebt haben, weil sie z. B. zu früh oder per Kaiserschnitt auf die Welt kamen und die plötzlich fehlende schützende Hülle des Mutterleibs nicht kompensiert werden konnte, kann das sinnliche Erleben in den Kirschkernen eine Möglichkeit sein, das verlorengegangene Urvertrauen zu nähren. Das Spiel im Kirschkernbad kann außerdem die Konzentration des Kindes fördern. Im vertieften Spiel fokussiert es sich ausdauernd auf seine Tätigkeit und baut somit seine Konzentrationsfähigkeit aus. Durch das Befüllen und Umfüllen von verschieden großen Gefäßen wie Schalen, Kisten oder Eimern, erlebt das Kind Volumenunterschiede, die für mathematische Vorläuferkompetenzen wichtig sind. Das Kirschkernbad eignet sich als Einstieg in die Förderstunde; das Kind kann ankommen und langsam aktiv werden. Zwischen Kind und Fachkraft entsteht Hülle, Begegnung und Beziehung durch dialogisches Spiel als Basis für die weitere Zusammenarbeit.

Über den Effekt der Wahrnehmungsförderung hinaus kann sich ein Kind im Kirschkernbad als umschlossen und geborgen erleben.

Zaubersand

Der Zaubersand, auch Modellier- oder Kineticsand, befindet sich in einer großen, flachen Schublade. Durch seine besondere, etwas zähe und träge Beschaffenheit lässt er sich gut formen. Zunächst geht es nur um das Spüren des Materials, um Entdeckungen, was man mit ihm machen kann. Für spätere Variationen können Materialien wie Muscheln, Murmeln, Förmchen und Töpfe genutzt werden. Es können Kuchen gebacken werden, Murmelbahnen mo-

delliert oder andere kreative Ideen umgesetzt werden. Die Fachkraft sitzt dem Kind bei der Arbeit mit dem Zaubersand stets gegenüber und ist resonanzgebend am Geschehen beteiligt. Das Vergraben der Hände verstärkt das Spüren der körpereigenen Grenze. Hier legt das Kind seine Hände auf eine eigens vorbereitete Fläche und lässt sich diese dann von der Fachkraft mit mehr und mehr Sand bedecken. Am Schluss können die im Lauf der Einheit im Sand gefundenen Schätze noch zur Verzierung der jeweiligen Kreation verwendet werden.

Der Zaubersand schmiegt sich passgenau an die eigene Körpergrenze an, kann im Sommer kühlen und im Winter Wärme spenden. Dies lässt sich besonders beim Händevergraben erleben. Je nach Bedürfnis des Kindes rieselt der Sand vorsichtig und stetig auf die Handrücken oder wird mit Schwung und Nachdruck aufgeladen. Nach einiger Zeit des Innehaltens fangen die Hände an, leicht zu pulsieren und werden auf eine angenehme Weise spürbar. Ein rücksichernder Blick zur Fachkraft spiegelt das Empfinden: Die Hände sind in ihrer Höhle aus Sand sicher und geborgen. Vom Unterarm bis zur Fingerspitze werden die Gliedmaßen nun präsenter im Körperschema wahrgenommen. Zum Schluss ist es eine Freude, die Hände entweder ganz langsam gegen den Widerstand des zähen Sands anzuheben, dabei die Risse in der zuvor glatten Form entstehen zu lassen, oder sich mit viel Kraft in einer schnellen Bewegung Freiheit zu verschaffen.

Im achtsamen und resonanzgebenden Gegenüber fühlt sich das Kind wahrgenommen und wertgeschätzt. Es entsteht Begegnung durch Nähe und Zuwendung im Spiel, die dem Kind Hülle spendet und dabei hilft, in eine dialogische Interaktion zu kommen. Gleichzeitig wird feinfühlig auf Spielimpulse des Kindes eingegangen, und die gemeinsame Arbeit bekommt die volle Aufmerksamkeit. Der Sand erlaubt zudem, spielerisch kreativ zu werden. Es ist eine Freude, die Wirkung der eigenen Handlungen direkt in den geschaffenen Formen nachverfolgen zu können. Die Arbeit mit Sand verbindet zwei elementare Facetten von ganzheitlicher Frühförderung. Hier wird eine Tastsinnerfahrung in eine emotional warme Begegnung gebettet. Die emotionale Hülle, die die Fachkraft mit ihrer Grundhaltung und Aufmerksamkeit spendet, hilft dem Kind, sich auf das Spiel einzulassen und am Vorbild der Erwachsenen die eigene Konzentrationsfähigkeit auszuweiten. Dies wird auch durch die Nutzung des Pikler-Mobiliars begünstigt. Die Essbank ermöglicht eine stabile Körperhaltung und rahmt die Aktivität ebenso klar wie die Präsenz der Erwachsenen. So kann auch über längere Dauer als bei anderen Angeboten gearbeitet werden. Im ausdauernden, abwechslungs- und ideenreichen Spiel wird die Hand-Auge-Koordination, die Feinmotorik und die Sozialkompetenz im Wechselspiel gefordert und wie beiläufig gefördert.

ZIELGRUPPE
ab 2–3 Jahren

WORUM GEHT'S?
Gemeinsame Spielsequenzen mit Kineticsand entwickeln. Intensives Zusammensein

WORAUF ACHTEN?
Braucht das Kind Anregungen oder sogar gemeinsames Gestalten? Zeit fürs gemeinsame Saubermachen einplanen

FÖRDERTHEMEN
- Tastsinn, Lebenssinn
- feinmotorischer Handgebrauch, Koordination von Willkürbewegungen (speziell Auge-Hand-Koordination), die Propriozeption betreffende Funktionen
- Fachkraft-Kind-Bindung, Wahrnehmen und Einhalten von Grenzen, Parallel- und Kooperationsspiel
- Konzentration und Aufmerksamkeit, Selbstwertgefühl

MATERIALIEN
Kineticsand, Pikler-Essbank, Formen, Schätze

Filzen

Zum Filzen braucht es Filzwolle, dafür eignet sich für Kinder besonders «Märchenwolle» in verschieden bunten Farben, die es naturbelassen im Internet zu bestellen gibt. Für das Nassfilzen werden zudem eine Schüssel mit warmen Wasser, Kernseife sowie eine Filzmatte aus Bambus benötigt. Gefilzt wird an einem Tisch, an dem das Kind gut und stabil sitzen und die pädagogische Fachkraft dem Kind gegenübersitzen kann, um gemeinsam mit ihm zu arbeiten. Wir filzen mit den Kindern zu Beginn meist farbige Schnüre oder Seile. Diese sind einfach herzustellen und können danach vielfältig

zum Spielen eingesetzt werden. Die Tätigkeit eignet sich besonders für Kinder im Vorschulalter und ist eine tolle Beschäftigung an nassen, kalten Wintertagen, vielleicht sogar vor dem Kaminfeuer.

Das Kind darf sich zuallererst die Wolle bzw. Farben aussuchen, mit denen es filzen möchte. Dabei spürt es die Wolle, die sich fluffig und weich anfühlt. Vielleicht riecht sie sogar noch ein kleines bisschen nach Schaf? Sie lässt sich ganz einfach auseinanderzupfen wie Watte. Nun wird die Wolle in das warme Wasser getaucht. Nass fühlt sie sich plötzlich ganz anders an. In den ebenso nassen Händen wird das Stück Kernseife gerieben. Mit seifigen Händen kann nun im warmen Wasser die Wolle bearbeitet werden. Zwischen den Händen wird sie geknetet und gerieben, bis sie gut mit Wasser und Seife durchtränkt ist und ausgewrungen werden kann. Die lange, nasse Wollschnur wird auf die Filzmatte gelegt und die Matte einmal umgeklappt, sodass die Wolle in der Matte eingeschlagen ist. Mit den Handflächen auf der Filzmatte wird der Wollstrang zwischen der Bambusmatte vor- und zurückgerollt, bis sich die Wolle mehr und mehr verfestigt. Der Ablauf mit Einseifen, Auswringen und Rollen in der Filzmatte wird je nach gewünschter Dicke und Festigkeit der Schnur mehrfach wiederholt. Zum Abschluss wird die Schnur dann zum Trocknen aufgehängt. Dies kann auch als Prozess über mehrere Frühförderstunden fortgeführt werden.

Beim Nassfilzen werden mehrere Sinne gleichzeitig angesprochen. Zum einen der Tastsinn: Die Wolle wird sowohl im trockenen als auch im nassen und später im fertig gefilzten Zustand ertastet, dazu die Reibung der Bambusmatte unter den Handflächen wahrgenommen. Das warme Wasser auf der Haut regt nicht nur den Tastsinn, sondern auch den Wärme- wie den Lebenssinn an. Das Filzen aktiviert natürlich auch den Bewegungssinn. Die Wolle mit Seife einzureiben und die Wollschnur gleichmäßig und rhythmisch in der Filzmatte zu rollen, stärkt das feinmotorische Geschick und die Fingerfertigkeit. Das gegenläufige Drehen der Handgelenke beim Auswringen regt die Koordination an und kräftigt gleichzeitig den Muskeltonus in den Händen und Armen. Darüber hinaus erfordert der Prozess des Filzens Konzentration und Geduld, die Abläufe zu wiederholen, bis die Schnur fertig gefilzt ist. Das Kind lernt beim Filzen ganz automatisch etwas über die Materialeigenschaften von Wolle, wie sie sich trocken oder nass verhält, wie sich ihre Eigenschaften durch Wasser, Seife und Reibung verändern lassen. Das Filzen kann sogar Anlass bieten, natur- und tierpädagogische Erfahrungsräume zu öffnen. Wo kommt die Wolle eigentlich her? Habe ich schon mal ein Schaf gestreichelt? Riecht die Wolle am Schaf vielleicht anders? Wie wird sie hergestellt und verarbeitet, bis sie so sauber, weich, gekämmt und bunt aussieht wie die fertige Märchenwolle?

ZIELGRUPPE
ab 5 Jahren

WORUM GEHT'S?
Wärme und Weichheit spüren bei einem längerfristigen Prozess

WORAUF ACHTEN?
Simultan ein eigenes Filzprojekt zu verfolgen, kann zur Nachahmung und Konzentration anregen. Alternativ die Aktivität des Kindes begleiten

FÖRDERTHEMEN
- Tastsinn, Lebenssinn, Bewegungssinn
- Koordination von Willkürbewegungen (speziell Auge-Hand-Koordination), Funktionen des Muskeltonus, Feinmotorischer Handgebrauch
- Wärme, zur Ruhe kommen
- Konzentration und Aufmerksamkeit

MATERIALIEN
Pikler-Essbank, Filz-Zubehör: Filzwolle, Schüssel, Kernseife, Filzmatte

Tiefensensibilität den eigenen Körper spüren

In diesem Kapitel werden verschiedene kleine Sequenzen vorgestellt, die über die Jahre gesammelt wurden. Manche davon sind bekannte Angebote, von denen man schon gehört oder sie bereits ausprobiert hat, manche sind etwas ausgefallener und aus der Improvisation entstanden.

Sandsäckchen legen

Die Sandsäckchen sind handgemachte Kissen in unterschiedlichen Größen. Sie sind mit Sand, Kirschkernen, Reis oder Dinkel gefüllt. Die Bezüge sind aus verschiedenfarbigen Stoffen, die auch eine unter-

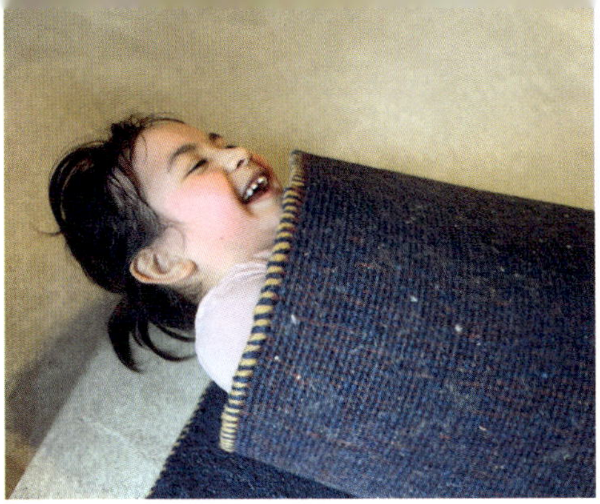

ZIELGRUPPE
alle Altersstufen

WORUM GEHT'S?
Verschiedene Sequenzen, die zum Spüren anregen. Sie sorgen in der Regel für Ruhe und Entspannung

WORAUF ACHTEN?
Ein achtsamer, feinfühliger und stets reflektierter Umgang mit dem Thema Berührung ist elementar. Die Intention einer jeden Berührung ist spürbar

FÖRDERTHEMEN
- Tastsinn, Lebenssinn
- Die Propriozeption betreffenden Funktionen, Körperwahrnehmung
- Wärme, Fachkraft-Kind-Bindung, zur Ruhe kommen
- Konzentration und Aufmerksamkeit, Selbstwertgefühl

MATERIALIEN
Sandsäckchen, Kissen, Decken, Igelbälle, Gymnastikball, Hängematte, Seile, Sitzsack, Kindermangel

schiedliche Haptik haben. Das Kind darf sich hierbei hinlegen, damit die Fachkraft achtsam Säckchen um Säckchen auf dem Körper des Kindes verteilt. Dabei ist die respektvolle und feinfühlige Verbundenheit eine wichtige Grundhaltung. Das Gewicht der Säckchen liegt für unbestimmte Zeit auf dem Kind und zeigt klar die Körpergrenze auf.

Igelballmassage

Igelbälle kann man in unterschiedlichen Größen und Härtegraden kaufen. Je nach Variante kann die Massage im Liegen oder im Sitzen stattfinden. Die Fachkraft experimentiert mit der Druckstärke und massiert achtsam und feinfühlig das Kind. Für Gruppen älterer Kinder eignet sich auch ein Massagezug. Dafür setzen sich Kinder wie Erwachsene in eine Reihe und spendieren der Person vor sich eine Massage. Auch hier kommt es auf einen feinfühligen Umgang mit den Bedürfnissen der anderen an.

Rückenmassage

Die Rückenmassage funktioniert ohne Materialien. Das Kind darf sich entspannt auf den Bauch legen. Die Fachkraft berührt den Rücken und nimmt die Reaktion des Kindes wahr. Entspannt das Kind, können verschiedene Berührungsarten ausprobiert werden, z. B. sanftes Ausstreichen von den Schultern abwärts. Manche Kinder verlangen danach, das Arme und Beine ebenfalls wahrgenommen werden. Schön ist es, an den Händen des Kinde und an den Füßen die eigenen Hände zur Ruhe kommen zu lassen und die Berührung zu einem vorübergehenden Abschluss zu bringen. Ein Zwiegespräch ohne Worte kann stattfinden, wenn wir den Atem des Kindes und seine Körperspannung wahrnehmen und uns davon leiten lassen.

Es können auch verschiedene Tiere über den Rücken des Kindes wandern. Kleine Ameisen (die Fingerspitzen flitzen schnell über den Rücken), eine Schlange (mit dem Finger werden Schlangenlinien gemalt), ein Känguru (zwei Fingerspitzen imitieren mit leichtem Druck die Sprünge) oder ein Elefant (die Handflächen werden mit Druck auf den Rücken aufgelegt). Nacheinander können die Tiere über den Rücken krabbeln, schleichen, springen oder rennen. Vielleicht starten die kleinen, leichten Tiere und es folgen immer größere und schwerere Tierarten. Die «Tierpfotenmassage» kann in eine Geschichte eingebettet werden: Alle Tiere wandern einen Berg hinauf und ruhen sich oben auf dem Gipfel aus. Am Ende hält die Fachkraft jeweils in der Bewegung inne und die Hand ruht kurz im Bereich der Schultern, bevor das nächste Tier die Reise beginnt. Abschließend lassen sich alle Tiere von der Sonne wärmen und durch das Auflegen warmer Hände, einer Decke oder ähnlichem kann die Wärme und Ruhe spürbar gemacht werden.

Teppich rollen

Hier legt sich das Kind auf einen Teppich und wird von der Fachkraft fest in diesen eingerollt. Im Anschluss kann je nach Bedürfnis zusätzlicher Druck ausgeübt oder das Kind im Teppich hin- und hergerollt werden. Die Sequenz eignet sich für Kinder ab 5-6 Jahren.

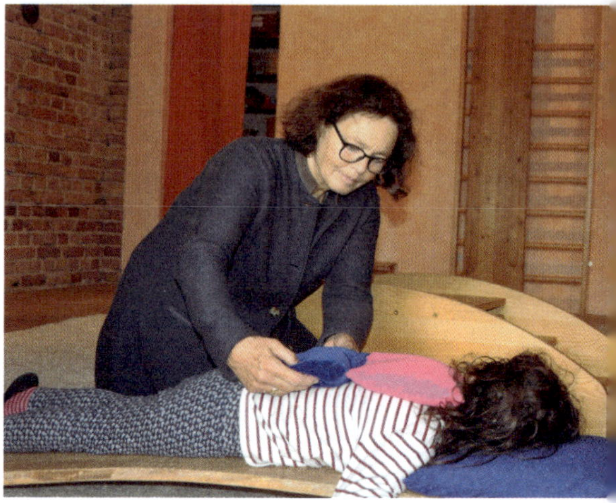

Gymnastikball quetschen

Das Kind legt sich auf einen möglichst weichen Boden. Die Fachkraft nimmt einen Gymnastikball und rollt ihn über das Kind. Druckstärke und Körperstellen werden vom Kind bestimmt. Meist beginnt man mit der unteren Körperhälfte und arbeitet sich nach oben. Alternativ kann der Ball zunächst auch sanft um den Körper des Kindes herum, an seinen Körpergrenzen entlang gerollt werden.

Hängematte mit Seilen pucken

Während das Kind in der Hängematte liegt, werden von außen Filzseile um diese geschnürt. Damit wird die Hängematte eng geschlossen. Dies eignet sich für ältere Kinder bzw. für solche, die sich nicht an der Vorstellung stören, von außen eingesperrt zu sein. Eine besondere Achtsamkeit gilt aus dieser vulnerablen Lage heraus dann dem Respektieren der Grenze des Kindes, indem die Knoten sofort gelöst werden, sobald das Kind genug hat.

Sitzsack-Rumpeln

Sitzsack-Rumpeln kann eine kurze Sequenz für zwischendurch sein. Das Kind legt sich mittig in einen Sitzsack. Die Fachkraft nimmt die überstehenden Seiten des Sacks in die Hände und kann das Kind dann behutsam wiegen, einrollen oder wild rumpeln, je nach Vorliebe des Kindes.

Kindermangel

Die Kindermangel, auch bekannt als Quetsche oder als Waschanlage, ist eine lohnende Anschaffung für jede Einrichtung. Die Quetsche ähnelt einer alten Wäschemangel. Erwachsene sowie Kinder können zwischen zwei bis vier Schaumstoffrollen durchkriechen, die durch ein Gummi der Länge nach zusammengehalten werden. Dabei wird der gesamte Körper von Kopf bis Fuß gedrückt. Die Intensität des Drucks kann an der Mangel eingestellt werden. Die Kinder gehen meist mit den Händen zuerst durch die Rollen, bis Schultern und Kopf größeren Druck verlangen, um die Rollen zu spreizen. Sobald die Hände auf der anderen Seite wieder den Boden berühren, kann die Geschwindigkeit des Gequetscht-Werdens von Rumpf und Beinen beliebig bestimmt werden. Nachdem sie auf der anderen Seite wieder

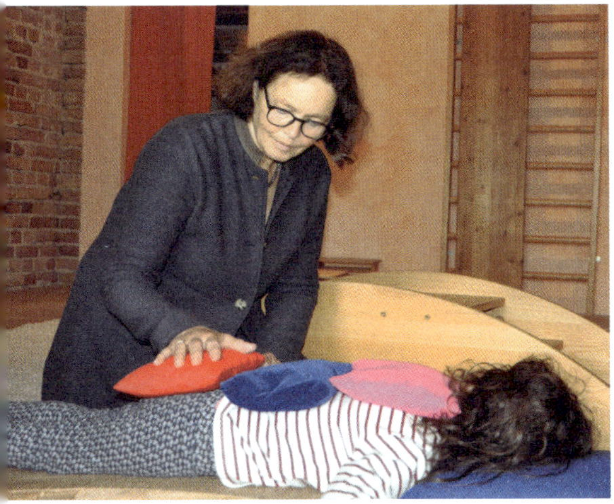

herauskommen, drehen sich viele Kinder wie beim Austritt aus dem Geburtskanal und bleiben unter Umständen einen Moment lang in Embryonalstellung liegen.

Die aufgeführten Sequenzen sind hervorragende Möglichkeiten, durch unterschiedliche Qualitäten von Berührung das Spüren des eigenen Körpers anzuregen. Besonders für Kinder, deren Gedanken immerzu kreisen, die ihren Redefluss nur schwer stoppen können oder die starke Emotionen wie Ängste, Wut oder Trauer zeigen, kann die Vergegenwärtigung des Körpers durch Berührung besänftigend wirken. Dabei steht immer die Frage im Raum, wie gut das Kind bereits in seinem Körper angekommen ist. Aber auch die Bindung zwischen Erwachsenen und Kind ist zentrales Thema dieser Sequenzen. Dafür ist es wichtig, sich der eigenen Emotionalität bewusst zu sein, die in der Berührung beziehungsweise dem Angebot, beim Kind spürbar wird. Eine positive Beziehung zum eigenen Körper sowie ein stabiles Körpergefühl sind wichtige Faktoren für ein gutes Selbstwertgefühl. Vor allem letzteres sorgt zudem für die nötige Präsenz und Gegenwärtigkeit, sich über längere Phasen konzentrieren zu können. Ein Kind, das sich unwohl in seiner Haut fühlt, sich ständig bewegt und herumzappelt, tut dies häufig, um sich auf die eine oder andere Art zu spüren. Sei es, um ein angenehmes oder zumindest klares Körpergefühl zu erzeugen oder um sich zumindest in der Aufmerksamkeit der Erwachsenen zu spüren, wenn die Unruhe mit Schimpfen gestraft wird. Unruhigem Verhalten stattdessen mit einem Angebot auf einer leiblichen, einer spürenden Ebene zu begegnen, die dazu noch von einer positiven gemeinsamen Emotionalität gefärbt ist, ist ein sicherer Weg, um «Zappelphilipp und -liese» durch den Tag zu helfen und ihnen längerfristig innere Ruhe zu ermöglichen.

Die Angebote für die Tiefensensibilität sind häufig diejenigen, von welchen die Kinder nicht genug bekommen können. Ein klares, wohliges Körpergefühl sorgt für Ruhe und Entspannung und eine erneuerte Bewusstheit des eigenen Selbst. Plötzlich spüre ich meine Füße, meinen Körper, eine klare Grenze, die mich von meiner Umgebung trennt. Eine angenehme Klarheit, die mich entspannt und mir die Sicherheit gibt, ich bin hier und das ist gut so. Besonders das Sandsäckchen-Legen, die Igelball- sowie Rückenmassage sorgen für eine entspannte atmosphärische Wirkung, bei der die Fachkraft das Kind umsorgt, so die hüllende Beziehungswärme und pflegende Berührung zwischen der Fachkraft und dem Kind im Vordergrund stehen. Bei den verbleibenden Sequenzen geht es vor allem um die Freude am Spüren und die Aufregung der Aktion selbst. Was zurückbleibt, ist die angenehme leibliche Erfahrung der eigenen Körpergrenzen.

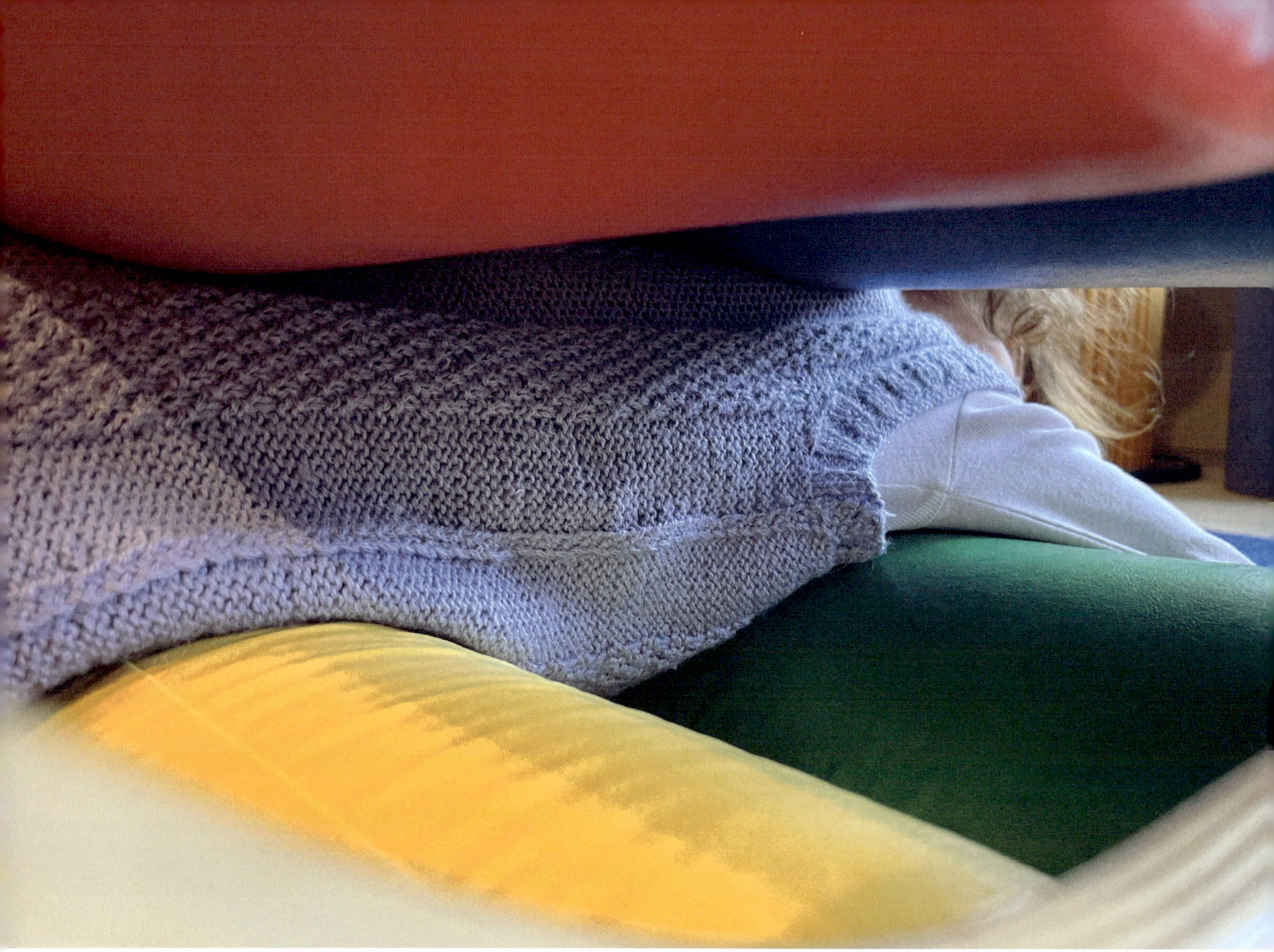

Plötzlich spüre ich meine Füße, meinen Körper, eine klare Grenze, die mich von meiner Umgebung trennt.

«Man muss dem Körper Gutes tun,
damit die Seele Lust hat darin zu wohnen.»
Winston Churchill

Lebenssinn

Der gesunde Lebenssinn bildet die Grundlage für jegliche Sinnesentfaltung. Er ist Wächter der Grundbedürfnisse sowie der eigenen Befindlichkeiten und schafft eine erste Vertrautheit im eigenen Körper.

Feuer machen

Es gibt sowohl eine Feuerstelle im Garten für den Sommer, als auch einen Kaminofen im Gemeinschaftsraum der Einrichtung für den Winter. Mithilfe von Zeitungspapier, Stöcken oder kleinen Holzspänen, -scheiten, Streichhölzern und Kaminanzündern kann gemeinsam mit den Kindern ein Feuer angezündet werden. Auf Hockern bzw. im Garten auf Bänken aus Baumstämmen können die Kinder die Flammen beobachten und sich daran wärmen. Feuermachen ist eine prozesshafte Tätigkeit, die aus unterschiedlichen Handlungsabfolgen besteht. Zunächst zerreißen die Kinder große Zeitungsblätter in kleine Stücke, zerknüllen die Papiere mit den Händen und werfen bzw. legen sie auf einen kleinen Haufen in die Feuerstelle. Aus Holzspänen oder dünnen Ästen wird ein «Zelt» um das Papier herum geschichtet, bevor das Feuer mit einem Streichholz entzündet wird. Nun kommt es darauf an, geduldig zu warten und zu beobachten, wie das Feuer langsam größer wird. Wenn es brennt, können weitere Holzscheite nachgelegt werden, damit es nicht ausgeht.

ZIELGRUPPE
ab 3 Jahren

WORUM GEHT'S?
Andächtig Wärme und Licht wahrnehmen sowie Ängste überwinden bei der Urerfahrung Feuer machen

WORAUF ACHTEN?
Klare Begrenzung der Feuerstelle. Achtsamkeit und Umsicht für das Kind und seinen Umgang mit den Flammen

FÖRDERTHEMEN
- Lebenssinn, Tastsinn
- Feinmotorischer Handgebrauch, Koordination von Willkürbewegungen, Funktionen des Muskeltonus
- Wärme, Geborgenheit, zur Ruhe kommen
- Konzentration und Aufmerksamkeit, Selbstwirksamkeitsüberzeugung, Handlungskompetenz

MATERIALIEN
Feuerstelle, Holzscheite, -späne, Kaminanzünder, Papier, Streichhölzer, Stöcke, Gießkanne, Wasserquelle

Im Kamin darf das Feuer nach und nach herunterbrennen, im Garten wird es am Ende der Stunde mit Wasser gelöscht, das mit Gießkannen aus dem Bach geholt wird.

Für manche Kinder ist das Element Feuer etwas beängstigend, sie schauen zunächst lieber aus sicherer Entfernung zu. Andere möchten direkt mithelfen oder das Feuer alleine anzünden und gehen sehr nah an den heißen Ofen heran. Das Feuer kann faszinierend sein, die Kinder beobachten die Flammen ehrfürchtig, lauschen dem Knistern und Knacken und lassen sich wohlig wärmen. Es kann ein Ritual werden, das Feuer am Anfang der Stunde anzuzünden, vor dem warmen Ofen ein Fußbad zu machen oder ein Spiel zu spielen und am Ende der Stunde nachzusehen, wie weit es heruntergebrannt ist.

Beim Feuermachen werden mehrere Sinne angesprochen und unterschiedliche Fähigkeiten gefördert. Das Zerreißen und Zerknüllen des Papiers, das Aufschichten und Nachlegen des Holzes sowie das Herausnehmen eines Streichholzes aus der Schachtel erfordern feinmotorische Fertigkeiten und zum Teil Kraft. Hinzu kommt die Aufmerksamkeit und Geduld, die notwendig ist, um den Prozess aufrechtzuerhalten und zu Ende zu führen. Die Kinder erleben ihre eigene Selbstständigkeit und bauen Handlungskompetenz auf, lernen aber gleichzeitig Achtsamkeit und Vorsicht im Umgang mit dem Element Feuer. Darüber hinaus werden Erfahrungen auf mehreren Sinneskanälen gemacht: Die Kinder fühlen unterschiedliches Material wie Papier, Stöcke und Späne, riechen den Rauch und das verbrennende Holz, sehen das Flackern der Flammen und hören das Knistern des Feuers. Die Wärme und das Licht des Feuers sowie das Tanzen der Flammen wirken auf seelischer Ebene. Die Kinder erfreuen sich am Lodern der Flammen und fühlen sich wohl und geborgen, wenn sie nach und nach am ganzen Leib erwärmt werden.

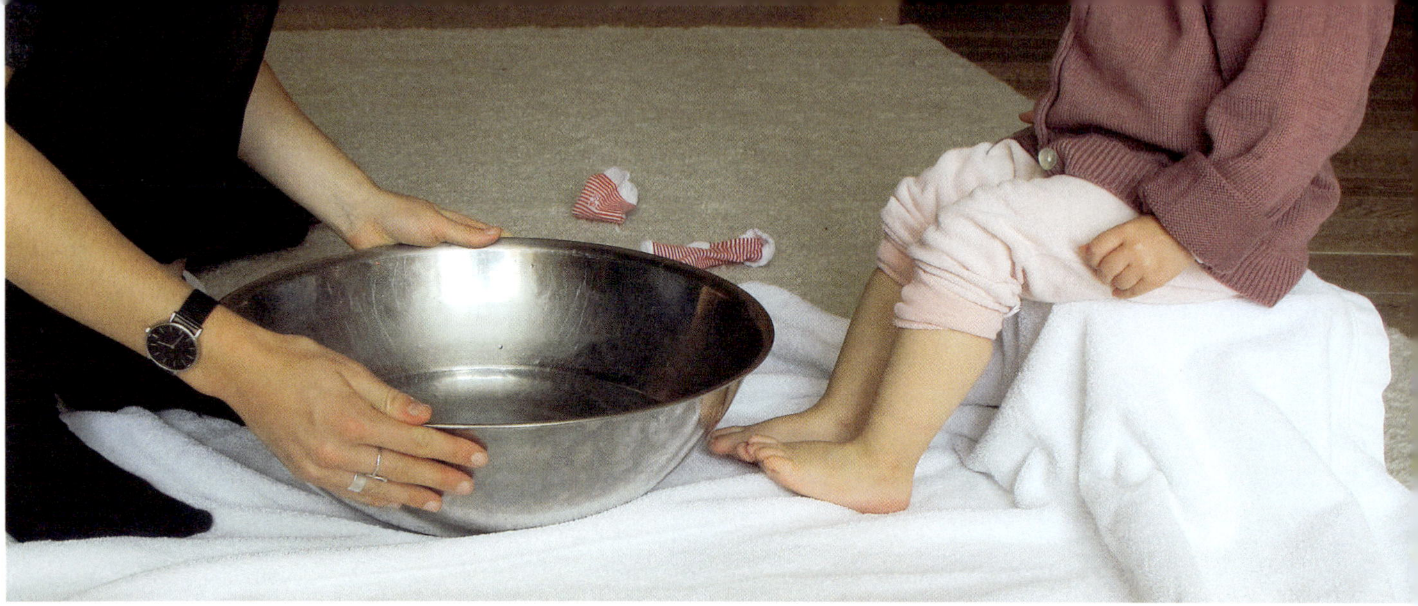

Fußbad

Für Fußbäder werden eine Metallschale bzw. eine größere Metallwanne mit warmem Wasser und etwas Torf-Öl gefüllt. Optional können Schwämme oder Bürsten für unterschiedliche Materialerfahrungen mit hinzugenommen werden. Auch Steine, Muscheln oder Murmeln können ins Wasser gelegt und mit den Füßen geangelt werden. Fußbäder werden im *Haus des Kindes* meist in den kälteren Jahreszeiten gemacht, idealerweise vor dem warmen Kaminofen. Das Fußbad wird meist schon vor Beginn der Stunde vorbereitet. Dazu wird ein großes Badetuch über dem Teppich und einem Hocker, auf dem das Kind gut sitzen kann, ausgebreitet. Die Wanne mit Wasser, das Öl, eventuell zusätzliche Materialien sowie ein Handtuch zum Abtrocknen werden bereitgelegt. Das Kind sitzt auf dem Hocker, die Fachkraft sitzt gegenüber. Beim Ausziehen der Socken und der Hose sind die Erwachsenen dem Kind stets aufmerksam zugewandt, schauen, was das Kind braucht und begleiten sein selbstständiges Tun. Nun darf das Kind die Füße ins Wasser tauchen. Die Fachkraft lässt das Wasser mit den Händen über die Beine des Kindes fließen, massiert die Waden und Füße mit Händen, einem Schwamm oder einer Bürste. Zunächst geht es nur um das Spüren bis in die Zehen hinein. Darüber hinaus kann das Kind mit den Füßen nach Schätzen im Wasser fischen, z. B. einen großen Stein mit beiden Füßen hochheben oder kleine Murmeln mit den Zehen greifen. Nach dem Fußbad werden die Beine und Füße des Kindes gut abgetrocknet und in ein Handtuch gewickelt. Eventuell können die Füße zusätzlich mit einer Wärmflasche warmgehalten werden, die vorher zum Erwärmen der Strümpfe und Kleider gedient hat. Ein Bein nach dem anderen wird nun mit einem Tropfen Moor-Lavendel-Öl bis zu den Füßen massiert und fest ausgestrichen, der andere Fuß ist warm im Handtuch eingepackt. Anschließend werden die Socken und die Hose wieder angezogen.

Einige Kinder empfinden das Wasser als zu warm, sie mögen es lieber kühler. Manchmal wird das Element Wasser zunächst mit den Händen erkundet, bevor ein Kind sich traut die Füße einzutauchen. Andere Kinder wollen am liebsten mit Händen und Füßen im Wasser spielen. Manche ziehen die Füße bei Berührung zurück, besonders die Bürste kitzelt sie sehr. Andere genießen besonders starken Druck beim Massieren. Während des Fußbads sind das Kind und die Frühförderkraft in intensivem Kontakt und es entsteht Nähe durch die Berührung. Das sinnliche Erleben der Wärme des Wassers, der Geruch des Öls und die Berührung der Haut wirken entspannend und erzeugen ein Gefühl von Geborgenheit.

Das warme Wasser und die Massage von Beinen und Füßen regen die Durchblutung des Kindes an, was sich positiv auf die Muskulatur und die Körperwahrnehmung auswirkt. Die Körperwahrnehmung wird zudem über die Stimulation taktiler Reize, z. B. durch die Massage mit unterschiedlichen Materialien gefördert. Beim Angeln der Schätze mit den Füßen werden insbesondere koordinative und feinmotorische Fähigkeiten angesprochen, aber auch der Gleichgewichtssinn sowie die Bauchmuskulatur, indem das Kind sitzend die Füße hebt. Über die behutsamen, feinfühligen Berührungen und Gesten entwickelt das Kind ein positives Körper- und Selbstbild wie auch Selbstwertgefühl, da es seinen Körper und sich selbst als liebens- und schützenswert erfährt. (Haug-Schnabel & Bensel 2009, 43)

ZIELGRUPPE
alle Altersstufen

WORUM GEHT'S?
Eine hüllende und pflegende Sequenz, die das Spüren von Wärme, Bindung und Interaktion ermöglicht

WORAUF ACHTEN?
Das Wasser sollte eine angenehme Temperatur haben. Eine Beziehungsbasis ist Voraussetzung

FÖRDERTHEMEN
- Lebenssinn, Tastsinn, Bewegungssinn, Gleichgewichtssinn
- Die Propriozeption betreffende Funktionen, Körperwahrnehmung, Koordination von Willkürbewegungen, feinmotorischer Fußgebrauch, Funktionen des Muskeltonus
- Fachkraft-Kind-Bindung, Sozialkompetenz
- Selbstwertgefühl, Selbstwirksamkeitsüberzeugung, Konzentration und Aufmerksamkeit

MATERIALIEN
Schale oder Wanne mit Wasser, Hocker, Handtücher, Schwämme, Bürsten, Torf-Öl, Schätze

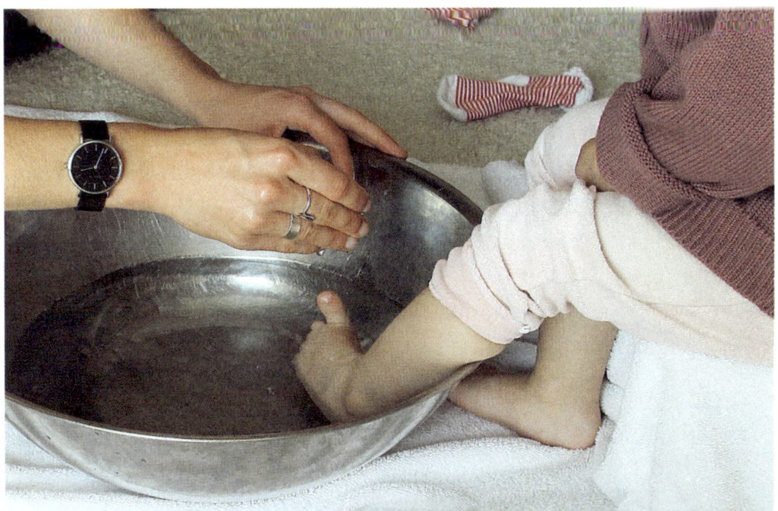

Bälle verstecken

Für das Bälle-Verstecken werden kleine Häkelsäcke genutzt, auch als Hackysacks bekannt. Zu Beginn wird eine überschaubare Anzahl gewählt, z. B. fünf Bälle für ein fünfjähriges Kind. Diese werden dann in einer Runde von der Fachkraft, in der anderen vom Kind im Therapieraum nach zuvor vereinbarten Regeln versteckt. Mit dem Kind wird die Absprache getroffen, es dürfe draußen warten und werde dann zum Suchen hineingebeten. Die Bälle werden derweil so versteckt, dass keiner einfach auf dem Boden liegt oder man nach ihm graben müsse, beispielsweise in den Kirschkernen.

ZIELGRUPPE
ab 4 Jahren

WORUM GEHT'S?
Ein Versteckspiel mit Häkelbällen durch den gesamten Raum

WORAUF ACHTEN?
Bälle anfangs nicht zu schwer verstecken. Bei zu vielen Bällen vergessen Kinder und Erwachsene gerne mal, wo sie versteckt sind. Mit mehreren Kindern braucht es klare Rahmung

FÖRDERTHEMEN
- Lebenssinn, Bewegungssinn
- Koordination von Willkürbewegungen (speziell Auge-Hand-Koordination), visuelle Wahrnehmung
- Frustrationstoleranz, Wahrnehmung und Einhalten von Grenzen
- Problemlösefähigkeit, Handlungskompetenz, Selbstwirksamkeitsüberzeugung, Konzentration und Aufmerksamkeit

MATERIALIEN
Häkelbälle

Während das Kind sucht, hält die Fachkraft sich zurück: Sie setzt sich an die Seite und hilft so wenig wie möglich. Wenn das Kind einen Ball findet, wirft es den gefundenen Ball der Fachkraft zu. Man kann den Einsatz von Hilfsmitteln provozieren, indem man einen Ball gut sichtbar, dafür aber schwer zu erreichen platziert. Sobald alle Bälle gefunden sind, werden die Rollen dann für eine Runde getauscht. Nun ist das Kind dran, Verstecke festzulegen, sich während der Suche der Fachkraft mit Tipps zurückzuhalten und die gefundenen Bälle zu fangen und aufzubewahren.

Schon beim Warten vor der Tür steigt die Aufregung ein wenig. Vielleicht kann man ja lauschen, wo die Fachkraft beim Verstecken langläuft? Vielleicht kann man sich schon vorstellen, wo einer der Bälle lauern wird? Im Raum wird dann klar: So genau hat man sich seine Umgebung zuvor noch nie angeschaut. Es beginnt die Suche, bei der sich immer wieder lange Phasen des Innehaltens, der Kon-

zentration und des Aushaltens von Nichterfolg abwechseln mit der Freude über ein gefundenes Versteck. Es gibt viele Versteckmöglichkeiten und mit jedem erfolglosen Blick, jedem unergiebigen Suchen, Wühlen und Tasten steigt die Anspannung ein wenig. Die Fachkraft schaut derweil mit einer ruhigen und wachen Ausstrahlung in freudiger Erwartung zu, gibt Resonanz und zeigt sich so präsent. Dies ist ein essenzieller Teil der Einheit. Das Kind kann sich immer wieder über einen kurzen Blick die Rückversicherung einholen, dass die eigene Anspannung beim Erwachsenen nicht für Aufregung sorgt. Vielmehr ist sie Teil des Spiels, hat genau wie die versteckten Bälle ihren Platz im Raum. Ist ein Ball erstmal gefunden, löst sich die Spannung in Freude auf. Gemeinsam kann man sich nach der erfolgreichen Suche über das Finden freuen. Manche Kinder gehen sehr vorsichtig und langsam durch den Raum. Andere wiederum rennen wild durch den Raum, ohne wirklich in die Wahrnehmung der Umgebung zu kommen. Ein wichtiger Lernschritt ist in diesem Spiel, trotz der Aufregung Ruhe zu finden und nur den Blick zum Suchen zu nutzen. Nach dem Rollenwechsel hat das Kind wieder einen ungewohnten Blick auf den Raum: Ganz alleine mit den Bällen und einer ungefähren Ahnung, wo man die Bälle gut verstecken kann.

Ein wichtiger Lernschritt ist in diesem Spiel, trotz der Aufregung Ruhe zu finden und nur den Blick zum Suchen zu nutzen.

Die Einheit bietet für das Kind sowohl im Suchen als auch im Verstecken einen neuen Zugang zum therapeutischen Raum. Wird er normalerweise eher eng und in einer klaren Bahn von der Fachkraft begleitet, öffnet sich der Raum nun für vorher ungeahnte Möglichkeiten. So kann das Kind sich frei im Raum bewegen und dabei eine neue Selbstsicherheit im Lösen von Problemen gewinnen. Der Besen, der seit Wochen neben der Werkstatt nur zu stehen scheint, kann genutzt werden, um den klar sichtbaren, aber sehr hohen Ball von seinem Platz zu stupsen. Auch Hocker, Leitern, bereits gefundene Bälle, Kissen, Säckchen und sonstige Materialien können vom Kind genutzt werden und Teil der Lösung werden. Da die schier unendlichen Lösungsmöglichkeiten unabhängig von der Fachkraft aus dem Kind heraus entstehen dürfen, ist das selbstbezogene Erleben des Gelingens umso intensiver. Außerdem wird durch den Rhythmus von Innehalten und Freude Frustrationstoleranz, Ausdauer und somit auch der Lebenssinn gefördert. Im Werfen und Fangen der Bälle wird dann noch beiläufig die Hand-Auge-Koordination des Kindes gefordert.

Seilbahn

ZIELGRUPPE
ab 5 Jahren

WORUM GEHT'S?
Erleben von Risiko, Überwindung und Freude bei einem Wagnis

WORAUF ACHTEN?
Eine gut gepolsterte Umgebung

FÖRDERTHEMEN
- Lebenssinn, Bewegungssinn, Gleichgewichtssinn, Tastsinn
- Koordination von Willkürbewegungen, Funktionen des Muskeltonus, Körperwahrnehmung
- Freude
- Überwinden von Angst

MATERIALIEN
Seilrolle, Seil mit min. 12 mm ⌀, Kissen, Matten, Weichböden, Teppich, Dreiecksleiter

Für diese Sequenz wird ein 4 m langes Tau quer durch den Raum gespannt. Auf der einen Seite ist es auf einer Höhe von etwa 2,5 m befestigt, auf der anderen Seite bei etwa 1,5 m. Neben dem hohen Befestigungspunkt wird eine Dreiecksleiter aufgestellt. Vor dem anderen werden auf dem Teppich Matten, Kissen und Decken verteilt. Auf das Seil ist eine Umlenkrolle gespannt, an deren Henkel ein Kampfsportgürtel so befestigt ist, dass zwei gleichlange Schlau-

fen entstehen. Diese Konstruktion ergibt die Seilrolle für die Seilbahn. Das Kind klettert mit dem Gurt in einer Hand die Leiter hoch, dreht sich auf dieser um und steigt mit einem Bein in den Gurt ein. Es packt den Gurt mit beiden Händen und lässt sich dann von der Leiter ab. Nun fährt es das Seil entlang, der Körper angespannt, um das Gewicht zu halten, bis es am anderen Ende in der Polsterung landet. Jetzt kann es aus dem Gurt aussteigen und einen neuen Versuch wagen.

Schon das Einsteigen ist eine richtige Herausforderung. Mit einer Hand die Leiter hochklettern, sich dann umdrehen und auf einem Bein stehen. Es kostet manches Kind Überwindung, die standfeste Leiter zu verlassen und sich der wackeligen Seilrolle zu überlassen. Dennoch ist Vorfreude spürbar. Diese hilft dabei, sich zu überwinden und den Sprung zu wagen. Mit dem Gurt fest in den Händen geht die schnelle Fahrt vorbei, endet in der weichen Polsterung und mit großem Gelächter. Manch andere Kinder steigen wie selbstverständlich ein, springen gezielt so, dass die Seilbahn ihr volles Gewicht auffängt und in Schnelligkeit umwandelt und freuen sich daran, in der Geschwindigkeit und dem abschließenden Aufprall ihre eigenen Grenzen wahrnehmen zu können.

Die Seilbahn erfordert einen sicheren Umgang in grundlegenden motorischen Abläufen, damit sich das Kind auf der Leiter sicher fühlt. Schließlich muss es diese mit nur einer Hand hochklettern, sich auf der Leiter drehen und zum Einstieg in den Gurt auf ein Bein stellen. Außerdem braucht es genug Kraft in Armen, Händen und der Rumpfmuskulatur, um sich auf der Fahrt aufrecht zu halten. Somit fordert diese Sequenz schon physisch betrachtet das Kind sehr. Eigentlich geht es aber vielmehr darum, sich selbst zu erleben. Im Überwinden von Angst, im Verlassen der Komfortzone, im Erleben von Risiko, Geschwindigkeit, Schwung und abruptem, klaren Stopp. Somit eignet sich die Seilbahn für die Kinder, die sich unsicher fühlen in ihrem Körper und ihren Bewegungsfähigkeiten. Daraus folgt unter Umständen auch eine seelische Zaghaftigkeit oder die Schwierigkeit, sich auf Neues einzulassen. Genauso eignet sie sich aber für diejenigen, die in ihrem Verhalten nach Reibung suchen, in Konflikten, in risikoreichem Verhalten und ständigem Rangeln.

Handgestenspiele & Lieder

Handgestenspiele und Lieder lassen sich vielfältig in den Alltag integrieren. Sie können ganz gezielt als Anfangs-, Abschluss- oder Übergangsritual eingesetzt werden. So werden gerne Begrüßungs- oder Abschlusslieder gesungen, ein gemeinsamer Spruch vor dem Essen gesprochen oder zum Einschlafen gesungen. Aber sie können auch situationsorientiert eingesetzt werden. Zum Beispiel, wenn ein Kind das Bedürfnis nach Nähe und Zuwendung zeigt, oder indem ich Bewegungen oder Gesten des Kindes aufgreife und in einen passenden Reim oder ein Lied einbette. Wenn Handgestenspiele und Lieder ritualisiert eingesetzt werden, ist eine angemessene Umgebungsgestaltung vorteilhaft. Beispielsweise je einen Hocker, auf dem das Kind stabil und aufrecht, gegenüber von der Fachkraft sitzen kann. Je nach Alter des Kindes werden ein bis maximal drei Lieder oder Sprüche ausgesucht, die sich über einen längeren Zeitraum wiederholen.

Dabei hat jedes Kind eine ganz individuelle Art aufzunehmen und nachzuahmen. Manche Kinder können sich zunächst noch nicht darauf einlassen, sich ruhig hinzusetzen und zu lauschen oder gar mitzumachen. Sie gehen anderen Beschäftigungen nach. Einige sitzen zunächst still beobachtend und nehmen intensiv und staunend den Klang, den Rhythmus oder die Bewegung um sich herum wahr. Wieder andere finden den Zugang über Bewegung. Sie vollziehen die Handlungen schnell mit, ahmen nach und sprechen schon mit, noch bevor sie den Text kennen. Es gibt sehr sensible Kinder, die von Gesang und Bewegungen schnell überwältigt sind und sich aus diesem Grund abwenden oder Lieder eher ablehnen. Hier können ganz einfache, eher ruhige Handgestenspiele hilfreich sein. Vielleicht werden sie zunächst nur im Flüsterton gesprochen. Handgestenspiele, die Berührungen beinhalten können, anstelle von direktem Körperkontakt um das Kind herum ausgeführt werden, wie auf einer Art «Luftpolster». (Ellersiek 2021, 10) Im Gegensatz dazu können Kinder, die zuerst gleichgültig und gelangweilt reagieren, durch stark betonte und mit kraftvollen Gesten ausgeführte Bewegungslieder und -spiele begeistert werden. Dabei wird nicht erwartet, dass das Kind stillsitzt, brav zuhört und mitspricht oder -singt. Vielmehr geht es darum, dem Kind genügend Gelegenheiten zu schaffen, den Klang bzw. das Spiel zu erleben. Es braucht häufig Zeit, bis das Kind beginnt, den Text mitzusprechen, Gebärden mitzuvollziehen und immer mehr in den gemeinsamen Tätigkeitsstrom einzutauchen. Hier hilft Wiederholung. Manchmal lauscht ein Kind beim ersten Durchgang nur und beginnt bei der zweiten oder dritten Wiederholung miteinzusteigen. Aus diesem Grund ist es sinnvoll, die gleichen Lieder oder Sprüche über mehrere Wochen oder Monate auszuwählen, bis das Kind wirklich hineinfinden und nachahmen kann. Oftmals kann bei der Fachkraft der Eindruck entstehen, dass das Kind sich kaum für das Fingerspiel zum Abschluss der Stunde interessiert. Dennoch berichten Eltern immer wieder, dass ihre Kinder das Spiel in ungestörten Momenten zu Hause nachsprechen oder sogar vorführen.

Sprache, Bewegungen und Gesang der pädagogischen Fachkraft verhelfen dem Kind zur inneren Ruhe und Konzentration, wenn sie mit entsprechender Haltung angeboten werden. Mit dem Klang kann sich Wärme ausbreiten und durch den Körper strömen. Deshalb ist es von Bedeutung, wie die Sprache gestaltet wird, und dass die Bewegungen achtsam und ruhig geführt werden. Besonders bei Fingerspielen mit Berührungen des Kindes sind liebevolle und behutsame Berührungen wichtig, die Sicherheit und ein Wohlgefühl vermitteln sowie die Grenzen des Kindes respektieren. Die Nachahmungsfähigkeit des Kindes setzt am tätigen Vorbild an, deshalb kommt es auf

ZIELGRUPPE
alle Altersstufen

WORUM GEHT'S?
Die Verknüpfung von Wahrnehmung, Bewegung und Sprachlernprozessen in der Nachahmung

WORAUF ACHTEN?
Bewusstes Einsetzen von Sprache, Mimik und Gesten

FÖRDERTHEMEN
- Lebenssinn, Bewegungssinn, Tastsinn
- Koordination von Willkürbewegungen, Artikulationsfunktionen
- Fachkraft-Kind-Bindung, Wärme
- Phonologische Bewusstheit, Konzentration und Aufmerksamkeit

MATERIALIEN
Hocker, Hände, Stimme

die Verbindung der pädagogischen Fachkraft mit ihrem Tun an. Die dabei entstehenden fließenden Bewegungen, der tragende Klang und Rhythmus stärken die Vitalität. (Ellersiek 2021, 11 ff.)

Wahrnehmung, Bewegung und Sprache sind als Entwicklungsbereiche eng miteinander verbunden und bedingen sich gegenseitig. (Zimmer o. J., 22) Viele Handgestenspiele und Kinderlieder bestehen aus einfachen, lustig aneinander gereihten Klang- und Wortsilben. Häufig sind es genau diese kindlichen Sprachspielereien, die bei den Kindern die Freude an der Sprache, Fantasie und Kreativität entfachen. Auf spielerische Weise wird die phonologische Bewusstheit als Fähigkeit, Silben, Laute und Reime zu erkennen, gefördert. Sie ist eine wichtige Vorläuferfähigkeit für die Sprachkompetenzen. Gleichzeitig werden durch die rhythmisch begleitenden Gesten und Bewegungen die Koordination, die Motorik und die Fingerfertigkeit gefördert. (Neuß 2014, 6) Der Prozess vom aufmerksamen Lauschen bis zum Austüfteln der passenden Bewegungen stärkt die Konzentrationsfähigkeit.

Ulle -Wulle

Rhythmisch-musikalisches Handspiel
mit Klangsilben

Ulle - wulle - ulle - wulle -
ulle - wulle: pack!

Ulle - wulle - ulle - wulle -
ulle - wulle: schnapp!
Sitzt im Sack!

Pin - pan - pin - pan - paus.
Springt raus!

Hurra! - Hurra!
Ist wieder da!

Pin - pan - pin - pan - peck.
Ist weg!

1 Ulle - wulle - ulle - wulle -
r | r |
ulle - wulle: pack!
r | •

1 Mit beiden Händen vor sich etwa auf Brusthöhe Fäuste bilden. Die Daumen liegen auf den Zeigefingern. Die Fäuste dreimal im Sprachrhythmus umeinander drehen. Die rechte Faust beginnt. Bei: «pack» packen sich beide Hände herzhaft und halten sich einen Moment fest.

2 Siehe oben wie bei 1 dreimal die Fäuste umeinander drehen. Dann beide Fäuste offnen und mit einem Schwung über außen wieder zueinander führen. Wahrenddessen die nach oben geschnellte rechte Hand (Innenfläche nach vorne zum Betrachter) mit dem Daumen nach unten stoßen. Die linke Hand kommt ihr entgegen und bei: «schnapp» umschließt sie den Daumen.

2 Ulle - wulle - ulle - wulle -
ulle - wulle: schnapp!

5 Hurra! - Hurra! Ist wieder da!

6 Pin - pan - pin - pan - peck.

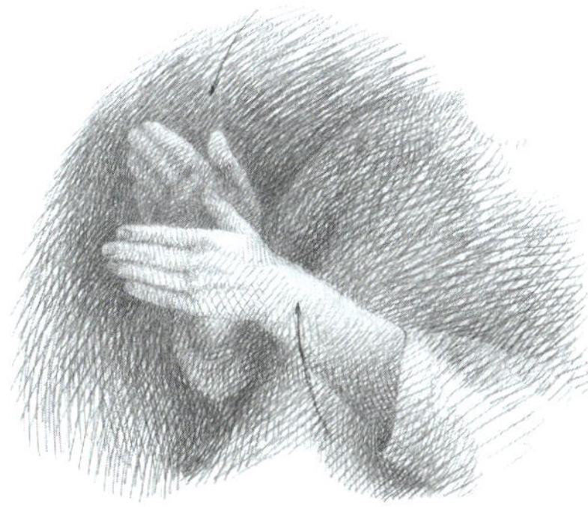

3 Sitzt im Sack!

4 Pin - pan - pin - pan - paus. Springt raus!
↑ ↓ ↑ ↓ ↑ ↓ ↗

7 Ist weg!

3 Die linke Hand hält den rechten Daumen fest umschlossen. Mit den freien Fingern dreimal im Sprachrhythmus locker nach vorne wedeln. Die offene Handinnenfläche der rechten Hand schaut dabei zum Zuschauer.

4 Die linke Hand hält den rechten Daumen weiter fest. Bei dem Versuch, den Daumen herauszuziehen, wird die linke Hand bei: «pin» mit nach oben gezogen. Dann zieht die linke Hand den rechten Daumen bei: «pan» wieder herunter. Im Sprachrhythmus geht es dreimal auf und ab. Bei: «raus» lässt die linke Hand den Daumen los. Die rechte Faust mit herausgestrecktem Daumen im hohen Bogen nach oben führen.

5 Dort die Faust mit dem hochstehenden Daumen im Sprachrhythmus aus- und eindrehen. Das «a» bei «hurra» und «da» gedehnt sprechen.

6 Die flachen Hände senkrecht von oben nach unten und von unten nach oben in Gegenrichtung wie «Topfdeckel» aneinander vorbeischlagen und wenn sie sich begegnen mit einem Klatschgeräusch berühren. Die rechte Hand geht zuerst hinunter.

7 Eine kleine Pause machen und dann bei: «Ist» einen letzten schwungvollen Klatscher mit der linken Hand nach unten vollführen. Anschließend beide Hände langsam stumm im großen Bogen über außen nach hinten führen und bei: «weg» schnell hinterm Rücken verschwinden lassen.

Hinweis:
Die kleinen Kinder wiederholen das Spiel gern längere Zeit unverändert. Die Größeren bringen neue Ideen ein. Sie spielen es z. B. laut und leise, langsam und schnell oder sie drehen statt der Fäuste die Daumen oder die Finger der Reihe nach umeinander.

«Das Ich ernährt sich ausschließlich von den Bewegungen, die es selber macht. Solche, die andere an seiner Stelle machen, sind ihm nicht nur keine Hilfe, sondern schwächen es nur.»
Jaques Lusseyran

Bewegungssinn

Das Leben beginnt mit der Tat – das Kind kreiert sich allmählich selbst durch das was es *tut* – und dies führt zu seiner späteren Selbstbestimmung.

Bewegungselemente für Kleinkinder

Die Grundlage für einen gut ausgebildeten Bewegungssinn wird im Säuglingsalter gelegt. Bereits im Spiel mit den Händen und dem Strampeln der Beine, wenn ein Kind noch auf dem Rücken liegt, wird der Bewegungssinn angesprochen. Das Kind dreht sich, stützt sich seitlich ab, kann weiter entfernte Spielsachen erreichen. Es dreht sich auf den Bauch und wieder zurück, beginnt sich rollend fortzubewegen, dann robbend. Bald kann es sich mit Knien und Händen abstützen, es kann sich aufsetzen und beginnt zu krabbeln. Es zieht sich an Gegenständen hoch, erprobt das Stehen und die ersten Schritte, bis das Kind nach und nach auch frei laufen kann. All das schafft ein

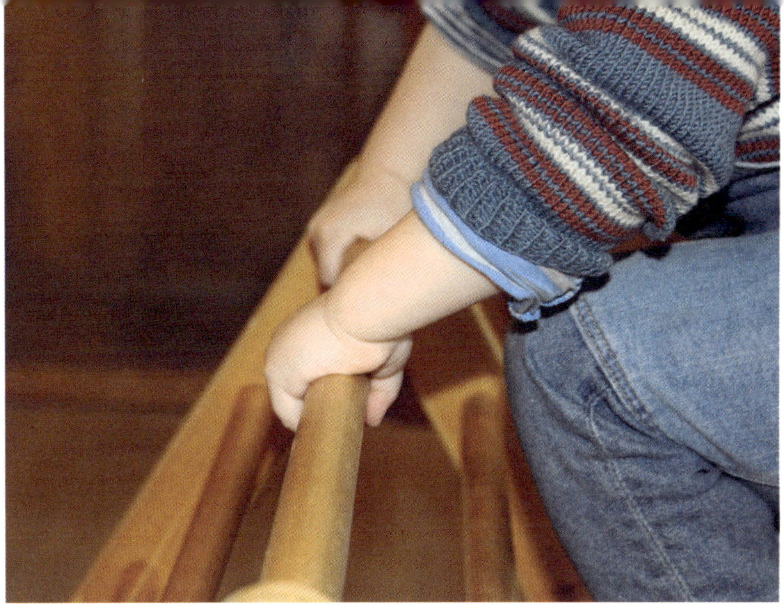

ZIELGRUPPE
ab 6 Monaten

WORUM GEHT'S?
Kinder entwickeln und üben neue Bewegungen in einer Umgebung, die entsprechend ihrer aktuellen Entwicklungsthemen gestaltet ist

WORAUF ACHTEN?
Freiheit zur selbstständigen Exploration lassen

FÖRDERTHEMEN
- Bewegungssinn, Gleichgewichtssinn, Tastsinn, Lebenssinn
- Koordination von Willkürbewegungen, die Propriozeption betreffende Funktionen, Funktionen des Muskeltonus
- Frustrationstoleranz
- Handlungskompetenz, Problemlösefähigkeit, Selbstwirksamkeitsüberzeugung

MATERIALIEN
Podest, Tunnel, Kletterdreieck, Rutschbrett, Spielmaterialien

Kind in der Regel alleine. Wenn wir ihm die Zeit dazu lassen, erprobt es jeden Schritt der Bewegungsentwicklung so lange, bis es genügend Sicherheit und Vertrauen in der jeweiligen Bewegungsform hat. So kommt es sowohl beim gesunden Kind als auch bei einem Kind mit Beeinträchtigung nicht darauf an, *wann* es den nächsten motorischen Meilenstein der Bewegungsentwicklung erreicht, sondern dass es ausreichend Gelegenheit hatte, die einzelnen Stadien der Bewegungsentwicklung zu erproben und zu festigen. Hierfür ist die Gestaltung der räumlichen Umgebung wichtig. Sie sollte es dem Kind ermöglichen, an der aktuellen Entwicklungsstufe zu üben und gleichzeitig zum Explorieren neuer Bewegungsformen anregen.

Dabei helfen ganz einfache Bewegungselemente und Spielgeräte, die wir zur Unterstützung der Bewegungsentwicklung und des freien Spiels im Kleinkindalter einsetzen:

Ein etwa 15–20 cm hohes Holzpodest: Es kann zum Herauf- und Herunterkrabbeln oder später zum Hinaufsteigen und Herunterspringen genutzt werden. Das Kind kann sich davor kniend am Podest abstützen und darauf mit Spielsachen hantieren. Mit einem Brett oder einer Rampe kann das Podest zum Hochkrabbeln oder -laufen erweitert werden.

Ein Holztunnel mit Längsstreben: In den Tunnel können Spielsachen gelegt werden, die das Kind holen kann, indem es mit den Händen durch die Streben greift oder sich traut, hindurchzukrabbeln. Mit den Händen kann es sich an den Streben hochziehen, um in die Aufrechte und zum Stehen zu kommen. Interessante Dinge, die auf dem Tunnel liegen, können dafür eine Anregung sein. Das Kind kann sich am Tunnel festhalten, solange es noch nicht frei stehen kann, es kann sich daran anlehnen, um die Hände frei zum Hantieren zu haben und die ersten Schritte machen, indem es sich am Tunnel festhält.

Ein Sprossen- bzw. Kletterdreieck: Für Kinder, die schon in der Aufrechten sind und beginnen, Interesse am Klettern zu zeigen, eignet sich ein niedriges Sprossendreieck, an dem das Kind zunächst hoch und runter und später darüber klettern kann.

Ist ein Raum entsprechend der aktuellen Interessen und Entwicklungsthemen eines Kindes gestaltet, kommt es meist ganz ohne Anregung der pädagogischen Fachkraft ins Explorieren. Es erforscht neugierig den Raum und spielt mit den Dingen die es vorfindet. Hier reichen zumeist einfache, alltägliche Gegenstände, die vielseitig und fantasievoll verwendet werden können:

- Bunte Tücher
- Bälle
- Becher und Schalen zum Stapeln und Befüllen
- Gefäße mit Deckeln, z. B. Töpfe und Dosen
- (Natur-)Materialien, die in den Gefäßen gesammelt werden können, z. B. Kastanien, Steine, Murmeln, Muscheln, Gardinenringe aus Holz
- Puppen und Stofftiere
- Bausteine zum Bauen und Konstruieren.

Alle Bewegungen, die ein Kind bereits im frühen Alter aus eigener Kraft ausführen kann, stärken sein Selbstwirksamkeitsgefühl und seine Handlungskompetenz. Es lernt, Interesse an etwas zu finden, sich geduldig, konzentriert und ausdauernd mit etwas zu beschäftigen, auszuprobieren und zu experimentieren. Es wird im Spiel mit Schwierigkeiten konfrontiert, für die es eigenständig Lösungen entwickelt. Daraus entsteht Selbstvertrauen und vor allem Freude an seinen Erfolgen, z. B. wenn das Kind nach vielen Versuchen zum ersten Mal auf das Podest krabbelt oder wenn es ihm gelingt, einen Ball vom Tunnel herunterzuholen. Indem das Kind sich frei bewegen und spielen kann, lernt es schon früh, was es sich selbst zutrauen kann, und entwickelt eine angemessene Gefahreneinschätzung. Somit ist es nicht auf die Hilfe von außen angewiesen, sondern autonom und selbstständig.

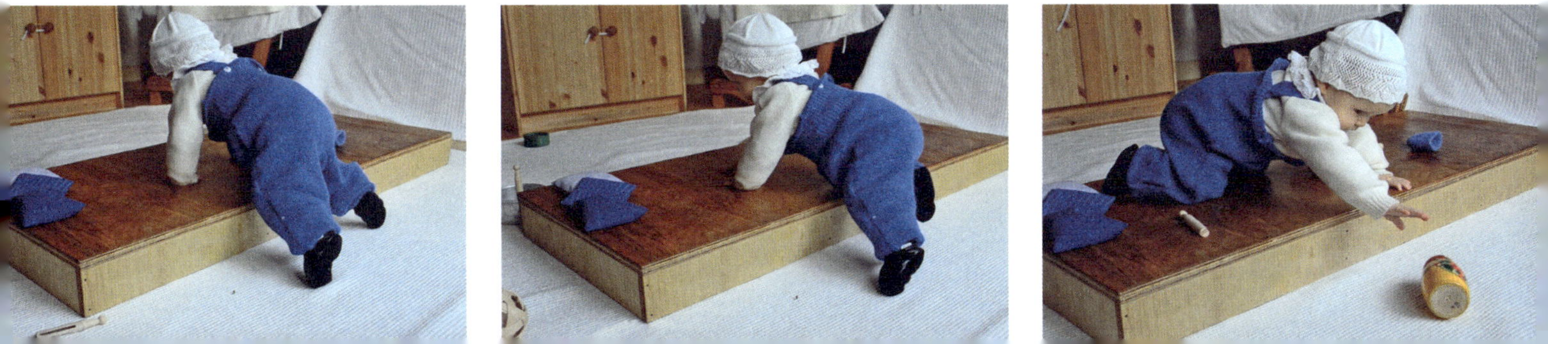

Kletterparcours

ZIELGRUPPE
ab 4 Jahren

WORUM GEHT'S?
Kinder klettern, krabbeln, balancieren, rutschen und springen durch einen aufgebauten Parcours und reifen dabei ihre Bewegungsmuster aus

WORAUF ACHTEN?
Zeit einplanen, die einzelne Stationen wiederholen, notfalls Vormachen, so wenig wie möglich sprechen und erklären

FÖRDERTHEMEN
- Bewegungssinn, Gleichgewichtssinn
- Koordination von Willkürbewegungen, die Propriozeption betreffende Funktionen, Funktionen des Muskeltonus, psychomotorische Qualität
- Frustrationstoleranz
- Handlungskompetenz, Selbstwirksamkeitsüberzeugung, Bewusstsein für Regeln

MATERIALIEN
Dreiecksleiter, Balancierstangen, Sprossenwand, Rutschbrett, Hühnerleiter, Mittelholmleiter, Balancierbalken, Balancierbrett, Wackelscheiben, Wackelbrett, Wackelhölzer, Sandsäckchen, Kissen, Holzreifen, Tunnel, Kindermangel

Kletterparcours können in variierender Form abhängig vom Alter, Stand der motorischen Entwicklung und den Bewegungsmöglichkeiten des Kindes aufgebaut werden. Ein Parcours, der in einer bestimmten Reihenfolge absolviert wird, ist für größere Kinder ab ca. 4 Jahren geeignet, während für jüngere Kinder eher einzelne Bewegungselemente aufgebaut werden, die frei exploriert werden können. In einen Kletterparcours werden verschiedene

Untergründe integriert, z. B. weiche Kissen, Kirschkern- und Sandsäckchen, Teppich-, Holz- und Steinboden. Zudem werden unterschiedliche Ebenen wie Hocker, Kisten und der Tisch miteinbezogen. Der Parcours erstreckt sich über den gesamten Raum. Er besteht aus einem Holzreifen zum Durchsteigen, einer schräg an den Tisch angelegten Hühnerleiter, einer Dreiecksleiter, die über zwei eingehängte Balancierstangen mit der Sprossenwand verbunden wird, an welcher zusätzlich ein Rutschbrett befestigt ist. Der Parcours kann durch einen Balancierbalken, ein Wackelbrett oder Wackelscheiben, eine Mittelholmleiter und einen Tunnel zum Kriechen erweitert werden. Den Startpunkt markiert ein Hocker, von dem aus auf ein weiches Kissen gesprungen wird. Das Kind steigt durch einen aufgestellten Holzreifen, möglichst ohne ihn zu berühren, klettert auf den Tisch und überwindet die schräge Ebene der Hühnerleiter. Es klettert die Dreiecksleiter auf einer Seite herauf und auf der anderen Seite rückwärts wieder herunter. Danach kann es mit beiden Füßen auf je einer Balancierstange bis zur Sprossenwand balancieren. Von der Sprossenwand aus kann es auf der Rutsche hinunterrutschen oder sich abseilen. Nach verschiedenen Balancierelementen geht es in den Kriechtunnel, an dessen Ende die Kindermangel steht. Über einen Weg aus Wackelscheiben geht es dann zurück zum Start der Runde.

Für manche Kinder erscheint der Kletterparcours sehr schwierig, sie zeigen sich ängstlich und benötigen Hilfestellung. Andere Kinder wollen die Hindernisse eigenständig überwinden, sie suchen zum Teil noch mehr Herausforderung und erhöhen den Schwierigkeitsgrad, z. B. versuchen sie den Boden nicht zu berühren, machen einen Purzelbaum durch den Reifen, balancieren rückwärts über die Balancierstangen oder klettern mit geschlossenen Augen. Manche Kinder bewegen sich ganz langsam und achten vorsichtig auf jeden Schritt, andere klettern mit schnellen, hektischen Bewegungen oder machen währenddessen Quatsch. Einige sind ganz ruhig und konzentriert, andere kompensieren eventuelle Unsicherheiten, indem sie durchgängig reden. Wenn sie oben auf der Leiter sitzen, den Raum überblicken und sehen, welche Herausforderungen sie gemeistert haben, zeigt sich Stolz und Freude im ganzen Gesicht.

Über die Bewegung werden mehrere Entwicklungsbereiche angesprochen. Primär wird die Motorik gefördert: Der Gleichgewichtssinn, die Koordination und die propriozeptive Körperwahrnehmung werden geschult, Bewegungsabläufe werden sicherer und flüssiger. Bewegungsmuster werden weiterentwickelt und auf neue Anforderungen adaptiert, wodurch individuelle Handlungskompetenzen erweitert werden. Wenn ein Hindernis aus eigenen Kräften bewältigt wird, erlebt ein Kind seine Selbstwirksamkeit. Auf diese Weise wird das Selbstvertrauen gestärkt, was sich positiv auf das Selbstkonzept auswirkt. Durch das Ausloten der eigenen Leistungsgrenzen lernt das Kind seine persönlichen Fähigkeiten einzuschätzen und mit Risiken umzugehen. Dies erfordert Achtsamkeit, Vorsicht und Konzentration. So werden über die Bewegungsförderung Handlungs- und Risikokompetenzen gefördert.

Durch das Ausloten der eigenen Leistungsgrenzen lernt das Kind seine persönlichen Fähigkeiten einzuschätzen und mit Risiken umzugehen.

Bollerwagen ziehen

Für den Weg in den nahegelegenen Bachgarten oder zur Schilasmühle wird häufig ein Bollerwagen mitgenommen. Hier finden Wasserflaschen, überflüssige Jacken, manchmal auch Feuerholz oder Stockbrotteig ihren Platz. Der Bollerwagen ist allerdings nicht nur praktischer Begleiter für pädagogische Angebote im Freien, sondern kann ganz nach dem Motto: «Der Weg ist das Ziel» auch selbst zur Förderung genutzt werden. Hierfür wird zu Beginn des Wegs klar kommuniziert, dass das Kind, wenn es den Wagen selber zieht, die Verantwortung für den Bollerwagen übernehmen wird. Je nach Alter und Fähigkeiten passt die Fachkraft ihr Maß an Unterstützung an, während das Kind zuerst den Bollerwagen um enge Kurven nach draußen rangiert und dann den etwa fünfminütigen Weg zum Bachgarten bestreitet. Die Strecke besteht aus einem 100 Meter langen Abschnitt wenig befahrener Spielstraße und 150 Meter holprigem Schotterweg. Zum Naturpädagogikzentrum Schilasmühle dauert es etwa acht Minu-

ZIELGRUPPE
ab 4 Jahren

WORUM GEHT'S?
Der Bollerwagen dient nicht nur als Wegbegleiter sondern auch als Fördermaterial

WORAUF ACHTEN?
Zeit nehmen, damit das Kind die Koordination mit der Deichsel selbstständig ausprobieren kann

FÖRDERTHEMEN
- Bewegungssinn, Lebenssinn
- Koordination von Willkürbewegungen, Funktionen des Muskeltonus, Kraftdosierung
- Frustrationstoleranz, Kooperations- und Kommunikationsfähigkeit
- Handlungskompetenz, Problemlösefähigkeit, visuelles und räumliches Vorstellungsvermögen, sicheres Verhalten im Straßenverkehr, Selbstwirksamkeitsüberzeugung

MATERIALIEN
Ein Bollerwagen und ein Ziel

ten. Hier schließen noch eine Treppe und 150 Meter Bürgersteig an den Weg an. Den ersten Teil des Weges zieht das Kind den Bollerwagen stets leicht bergauf. Mit besonders jungen Kindern kann dann Seite an Seite gezogen werden, Kinder ab 5 Jahren können in der Regel den Wagen alleine handhaben. Instruktionen lassen sich wenn nötig über das Vor- und Mitmachen besser vermitteln als über Sprache. Auf dem Weg zurück zur Frühförderstelle geht es ein wenig bergab. Jetzt muss der Wagen gegen die Schwerkraft gehalten und kontrolliert werden. Alternativ kann die Stunde einen ausgelassenen und vergnügten Abschluss haben, indem die Fachkraft das Kind im Bollerwagen zieht.

Die meisten Kinder freuen sich darüber, den Bollerwagen mitnehmen zu können, auch wenn nicht alle direkt begeistert sind, die Verantwortung dafür übernehmen zu müssen. Der Weg gestaltet sich von Kind zu Kind absolut individuell. Während manche den Bollerwagen wie selbstverständlich lenken und Freude daran haben, ihn laut polternd hinter sich her rasen zu lassen, empfinden andere die Strecke als regelrechte Odyssee. In den ersten Stunden ist die Handhabung des Bollerwagens meist eine knifflige Angelegenheit. Es wird besonders kompliziert, wenn beim Ein- und Ausrangieren geschoben werden muss, da der Wagen sich dann entgegen der natürlichen Intuition bewegt. Somit ergibt sich ein breites Spektrum an Herausforderungen und Emotionen, die von der Fachkraft aufgegriffen und begleitet werden können. So oder so erfordert das Ziehen wie auf der körperlichen auch auf seelischer Ebene eine Anstrengung, ein Anspannen. Ist der Weg geschafft, bringt das Loslassen dann Entspannung und Stolz durch die Anerkennung der geleisteten Arbeit.

Beim Ziehen des Bollerwagens werden Bewegungskoordination, stetige Körperspannung und gezielte Kraftdosierung gefordert. Das Kind muss ausdauernd und mit einer gewissen Frustrationstoleranz in eine Phase der ganzheitlichen Konzentration gehen: Körperliche Anstrengung seelisch aushalten, ohne dabei die wache Wahrnehmung der Umgebung zu vernachlässigen. Wenn mehrere Kinder auf dem gleichen Weg sind, kann die Gelegenheit außerdem genutzt werden, um der Bewältigung der Aufgabe eine soziale Komponente zu geben. Die Kinder können eigenständig aushandeln, welche Rolle sie beim Ziehen übernehmen. Das kontrollierte Rangieren des Wagens fordert Kindern viel Geduld, Handlungs- und Problemlösekompetenzen sowie ein gewisses räumliches Vorstellungsvermögen ab. Dazu werden für den Abschnitt entlang der Straße klare Verkehrsregeln vereinbart. Da es sich um eine verkehrsberuhigte Zone handelt, gibt es den Kindern genug Zeit, eigenständig heranfahrende Autos, Hunde beim Gassigehen, Pferde auf einem Ausritt oder Personen beim Spazierengehen wahrzunehmen und entsprechend zu reagieren.

Bachwanderung

An heißen Sommertagen kann die Frühförderstunde am Bach im Garten stattfinden. Der Urselbach fließt durch Niederursel und direkt an der Schilasmühle und am Garten der Frühförderstelle entlang. Über einen kleinen Abhang geht es zum Wasser hinunter. Dort ist der Bach an einer Stelle mit großen Steinen zu einer halbrunden Bucht gestaut. Das Bachbett besteht hauptsächlich aus unterschiedlich großen Steinen, die zum Teil aus dem Wasser herausragen und über die das Wasser hinwegströmt. Die Steine eignen sich gut, um darauf zu klettern und sich einen Weg bachaufwärts bzw. bach-

abwärts zu suchen. Sie sind zum Teil mit Moos bewachsen, sodass manche Steine rutschiger sind als andere. Die Kinder können sich entweder einen Weg nah am Bachufer suchen, wo die Steine dicht beieinanderliegen, das Wasser etwas flacher und die Strömung weniger stark ist. Je mehr die Kinder sich zutrauen und je mutiger sie werden, desto eher suchen sie sich einen Weg durch das tiefere Wasser. Ein Stück bachaufwärts führt eine Brücke über den Bach, dort ist das Wasser ruhiger und eignet sich gut, um große Steine zu suchen und sie zu werfen. Kinder, die sich noch nicht trauen, durch den Bach zu wandern, können an der gestauten Stelle verweilen, Kiesel werfen oder sich dort mit den Füßen vom flachen Ufer aus ins Wasser wagen.

Wenn die Kinder den Hang zum Bach hinunterklettern, wirkt es oft, als würden sie in eine eigene Welt eintauchen. Das laute Rauschen des Wassers blendet alle anderen Geräusche aus der Umgebung aus, die Böschung an beiden Uferseiten schirmt den Bach zusätzlich ab. Viele Kinder bestaunen zunächst, wie das Wasser sich seinen Weg über die Steine und durch kleine Nischen und Höhlen sucht und kleine Wasserfälle bildet. Sie werfen kleine Kiesel ins Wasser, lauschen dem Platschen beim Aufkommen auf der Wasseroberfläche und beobachten, wie die Steine versinken. Sie fühlen mit den Händen das kühle Wasser und lassen es an der Oberfläche spritzen oder tauchen tief mit den Händen ein, um auf dem Grund nach Kieseln zu suchen. Manche Kinder waten ganz vorsichtig durch den Bach, sind zum Teil verunsichert durch die Kieselsteine, die sie an den Füßen piksen und suchen Halt, indem sie sich an großen Steinen oder an der Frühförderfachkraft abstützen. Beim Klettern über die größeren Steine fällt es ihnen manchmal schwer, einen Weg zu erkennen. Sie lassen lieber andere vorgehen und folgen auf dem gleichen Weg. Andere klettern mutig über die großen Steine; sie wollen eigene, neue Wege durch die zum Teil starke Strömung finden. Manche Kinder klettern vorsichtig, ein Schritt nach dem anderen, ohne dass ihre Kleidung dabei nass wird. Andere wollen möglichst schnell vorankommen, rutschen dabei häufiger von den Steinen ab und fallen ins Wasser.

ZIELGRUPPE
ab 3 Jahren

WORUM GEHT'S?
Der nahegelegene Bach lädt an warmen Tagen zum Abkühlen, Klettern, Steine Werfen, Staudämme Bauen und vielem mehr ein

WORAUF ACHTEN?
Bei Berührungsängsten Zeit lassen und als Fachkraft selber Freude am Wasser haben

FÖRDERTHEMEN
- Bewegungssinn, Gleichgewichtssinn, Tastsinn, Lebenssinn
- Koordination von Willkürbewegungen (auch Auge-Hand-Koordination), Funktionen des Muskeltonus, Kraftdosierung
- Wahrnehmen und Einhalten von Grenzen
- Selbstwirksamkeitsüberzeugung, Handlungskompetenz

MATERIALIEN
Ein Bach

Der Bach hat verschiedene Qualitäten, die erfolgreich für die Therapie genutzt werden können. Zum einen machen die Kinder unterschiedliche Material- und Tastsinnerfahrungen: Das kühle Wasser, das Bachbett aus Sand und kleinen Kieselsteinen, große raue, glattgespülte oder mit weichem Moos bewachsene Steine. Sie spüren die Unterschiede von trocken und nass, warm und kalt. Zum anderen fördert das Bewegen auf verschiedenen Untergründen sowie das Klettern den Hang zum Bach hinunter und über die unebenen Steine in hohem Maße den Gleichgewichtssinn, die Koordination sowie die Körperwahrnehmung. Bei den Bachwanderungen wird ein Ziel gesetzt, z. B. die Brücke ein Stück bachaufwärts, das es zu erreichen gilt. Hierbei entwickeln die Kinder intrinsische Motivation und Durchhaltevermögen, um am Ziel anzukommen und entdecken die Freude über den Erfolg. Das Steinewerfen trainiert die Auge-Hand-Koordination, Kraftdosierung und Zielgenauigkeit. Die Aktivitäten am Bach erfordern auch das Einhalten von gewissen Grenzen zur Sicherheit aller Beteiligten, Grenzen, deren Einhalten also ein Bedürfnis aller Beteiligten ist und somit leicht einzuhalten sind. Zudem hat das Wasser eine hohe Symbolkraft: Das konstante Fließen des Wassers bringt Rhythmus und Harmonie in die Lebenskräfte des Menschen und steht gleichzeitig für stetige Erneuerung. Somit wirkt das seelische Erleben am Bach auf den Ätherleib und den Vitalitätssinn des Kindes und kann dabei helfen, innere Blockaden oder Verhärtungen zu lösen und in Fluss zu bringen.

Schnitzen

An vielen Stellen im Garten gibt es Haselbäume. Besonders im Frühling treiben zahlreiche junge Bäume aus und wachsen in schnellem Tempo heran. Durch die Beschaffenheit ihrer Rinde, die im Frühjahr saftig und somit leicht abzuziehen ist, eignen sich die jungen Haselbäume hervorragend zum Schnitzen. Beim gesamten Vorbereitungsprozess für das Schnitzen hält sich der oder die Erwachsene mit Hilfestellungen so weit wie möglich zurück. Dennoch können je nach Bedarf auch alle Vorbereitungsarbeiten in angeleiteter Kooperation durchgeführt werden. Als Erstes sucht sich das Kind einen Haseltrieb aus, den es dann mit einer Säge selbstständig abtrennt. Das Sägen erfordert eine bemessene Kraftdosierung: Entgegen der Intuition ist hier weniger mehr. Um dem Kind ohne zu viele Worte den korrekten Gebrauch einer Säge näherzubringen, kann auch gemeinsam mit einer Bügelsäge gearbeitet werden. Aufgabe ist es dann lediglich, die Säge abwechselnd zu sich zu ziehen.

Der frisch gesägte Jungbaum muss dann zum Sägebock gebracht werden, um dort in handlichere Stücke zersägt zu werden. So zieht das Kind diesen dann einige Meter bis zum nächsten Etappenziel, wo erst kleinere Zweige per Hand entfernt werden und dann erneut gesägt wird. Eine gute Länge für Schnitzstöcke ist je nach Größe des Kindes zwischen 0,5 und 1 Meter. Um beim Schnitzen dann einen sicheren und verletzungsfreien Ablauf gewährleisten zu können, sind zwei Aspekte von großer Bedeutung: die korrekte Einweisung und die Sitzplatzwahl. Ersteres wird eindrücklich und klar verständlich vermittelt. Das Kind hält mit einer Hand den Stock vor sich und schnitzt mit der anderen Hand entlang des Stocks von sich weg. Auch hier hat sich bewährt, wenige und klare Worte mit einer engen körperlichen Begleitung zu verbinden. So kann die Fachkraft die Hände des Kinds führen und klar demonstrieren: So geht es, so geht es nicht. Dabei ist die eigene pädagogische Haltung zu reflektieren, um bei der Einweisung dem Kind gegenüber zwar bestimmt, aber dennoch ruhig und vertrauend zu begegnen. Der zweite Aspekt im Hinblick auf Sicherheit ist die Sitzplatzwahl. Es kann vorkommen, dass Kinder, die mit der rechten Hand schnitzen, anfangs unkontrollierte Ausschweifbewegungen nach rechts machen. Daher bleibt neben dem Kind auf seiner Schnitzhandseite immer genug Platz. Eine anfängliche Aufgabe beim Schnitzen kann sein, den Stock der Länge nach von seiner Rinde zu befreien. Etwas anspruchsvoller ist es, den Stock danach an einem Ende anzuspitzen. Wenn das Kind beide Variationen ausreichend beherrscht und im Umgang mit dem Messer Sicherheit bekommen hat, können Stöcke dann über das Aussparen von Rinde mit Mustern verschiedenster Art verziert werden. Während das Kind an seinem eigenen Stock arbeitet, sitzt die Fachkraft beim Kind und arbeitet an einem eigenen Stock. Je nach Fertigkeiten des Kindes und Größe des Stocks wird über einen längeren Zeitraum an einem Stock gearbeitet.

Der Frühling ist eine intensiv erlebbare Zeit im Bachgarten. Während Obstbäume und Blumen allerorts blühen und somit Seh- und Geruchssinn vielfältig bedienen, rauscht der Bach durch den zunehmenden Regen für den Hörsinn gut vernehmbar im Hintergrund. Die Fülle an Reizen ist jetzt Kulisse für eine richtige Herausforderung an die Konzentration und den Fokus der Kinder. Schon das Sägen verlangt viel Ausdauer ab, kleine Pausen voll prüfender Blicke geben Anhaltspunkte für den Fortschritt der Aufgabe. Die Säge ist halb durch, bald ist es geschafft. Nach langer Anstrengung dann ein Ächzen und Knacken, bevor der kleine Jungbaum dann endlich spektakulär fällt. Der muss dann auch noch bis zum Sägebock gezogen werden. Es braucht zwar viel Kraft, um den Baum samt Zweige und Blätter über die Wiese zu schleifen, aber auch diese vermeintliche Mammut-

ZIELGRUPPE
ab 4–5 Jahren

WORUM GEHT'S?
Aus einem kleinen Ast wird ein Stock geschnitzt

WORAUF ACHTEN?
Zu stumpfe Messer sind genauso ungünstig wie zu scharfe, immer vom Körper weg schnitzen, fester Sitz

FÖRDERTHEMEN
- Bewegungssinn, Lebenssinn, Tastsinn
- Koordination von Willkürbewegungen (speziell Auge-Hand-Koordination), feinmotorischer Handgebrauch, Kraftdosierung
- Frustrationstoleranz
- Konzentration und Aufmerksamkeit, Selbstwirksamkeitsüberzeugung

MATERIALIEN
Handsäge für den Garten, alternativ eine Bügelsäge, Schnitzmesser, Holz (bspw. Hasel)

aufgabe ist mit Ausdauer und einem anreizenden Ziel vor Augen zu bewältigen. Die zweite Runde mit der Säge ist dann schon fast Routine. Auf dem Sägebock lässt es sich viel einfacher bewerkstelligen und nach allen bereits bewältigten Herausforderungen ist das eigenhändige Sägen wie selbstverständlich. Mit dem selbstgeholten Schnitzstock geht es dann an eine gemütliche Stelle zum Schnitzen. Die von der Fachkraft gestellte Aufgabe erfordert dann wieder Konzentration und Ausdauer, bis man in einen Flow gelangt, in dem einfach alles zusammenkommt und die restliche Förderstunde wie im Flug vergeht. Genau hier ist der Punkt, für den die meisten Kinder viel Übung brauchen, doch das Ergebnis lohnt sich allemal. Denn all die aufgebrachte Anstrengung kann dann am eigenständig geschnitzten Stock bewundert werden.

Schnitzen regt auf motorischer Ebene in erster Linie die Entwicklung der Auge-Hand-Koordination und der Feinmotorik an. Um beim Schnitzen in den Flow zu kommen, benötigt es außerdem feinfühlige Kraftdosierung und eine ausdauernde, frusttolerante Haltung gegenüber Fehlversuchen. Genau so braucht es allerdings auch ausreichend geschärfte Messer. Stumpfe Messer verlangen mehr Kraftaufwand und sind somit gefährlicher. Die Fachkraft schnitzt mit achtsamer Präsenz einen eigenen Stock, erstens, um dem Kind Raum zu geben und somit Vertrauen auszustrahlen, und zweitens, um die Konzentration des Kindes zu erleichtern. In einer Umgebung in der konzentriert gearbeitet wird, ist es für das Kind leichter, dies auch zu tun. Letztlich ist es eine schöne gestalterische Aufgabe, in der das Kind durch feinmotorisches Geschick und Durchhaltevermögen die Umwandlung eines kleinen Jungbaums zum eigens geschnitzten Stock verfolgen kann.

Werken

ZIELGRUPPE
ab 5–6 Jahren (Vorschulkinder)

WORUM GEHT'S?
Die Kinder bauen als Vorschulprojekt über mehrere Wochen ein Holzauto oder andere Werkstücke

WORAUF ACHTEN?
Es ist wichtig, sich bei den Arbeitsabläufen und der Nutzung der Werkzeuge sicher zu sein. Eine gute Vorbereitung ist, erstmal alleine ein Auto zu bauen

FÖRDERTHEMEN
- Bewegungssinn, Tastsinn, Lebenssinn
- Koordination von Willkürbewegungen, Feinmotorischer Handgebrauch, psychomotorische Funktionen, Kraftdosierung
- Wahrnehmen und Einhalten von Grenzen, Kommunikationsfähigkeit, Kooperationsfähigkeit, Frustrationstoleranz
- Selbstwirksamkeitsüberzeugung, Konzentration und Aufmerksamkeit, visuelles und räumliches Vorstellungsvermögen, Handlungskompetenz

MATERIALIEN
Ast mit ⌀ ca. 15 cm, Ast mit ⌀ 3–5 cm, Rundstab mit ⌀ 0,5 cm, Wasserfarbe, Holzöl, Pinsel, Bogensäge, Werkbank, Holzleim, Japansäge z. B. eine Kataba, Handbohrer mit 6er und 7er Aufsatz, Schleifpapier

Das erste Werkstück ist meistens ein Holzauto. Die Herstellung ist zeitaufwendig und wird deswegen als Projekt auf mehrere Stunden verteilt. Die Aufgabenteilung, die im folgenden Abschnitt beschrieben wird, ist ein erfahrungsbasierter Vorschlag und dient zur Orientierung. Natürlich wird dieser für jedes Kind auch im Prozess individualisiert. Als erstes wird der große Ast in die Werkbank eingespannt. Die Kurbel der Werkbank ist für das ganze Projekt fester Aufgabenbereich des Kindes. Dann wird mit der Bogensäge in Zusammenarbeit eine etwa 5 cm breite Scheibe gesägt, die dann nochmal in zwei Halbkreise geteilt wird. Aus einem Halbkreis wird ein Auto. In diesen Korpus werden in der Folge mit dem Handbohrer und dem 7er-Aufsatz zwei Achslöcher gebohrt. Beim Bohren empfiehlt es sich, dass der Erwachsene das Werkzeug hält, während das Kind die Kurbel des Bohrers dreht.

Mit der kleinen Säge kann das Kind dann aus dem Rundstab die Achsen sägen, die Räder dann aus ca. 2 cm dicken Scheiben des kleineren Asts. Wenn die Räder etwas schief werden, kann das Kind sie mit Schleifpapier begradigen. Die Autos können nach dem Zusammenleimen von Achse und Rädern noch mit Aquarellfarben angemalt und abschließend mit Hartöl behandelt werden, um Holz und Farbe zu schützen. Zum Werken gehört am Ende jeder Einheit dazu, die Werkbank genau so zu verlassen, wie sie vorgefunden wurde. Also wird genug Zeit für das Fegen von Sägespänen oder das Reinigen der Pinsel eingeplant. Andere Werkstücke waren in Vergangenheit auch Flöße, Lastwagen, Modellflugzeuge, Puppenhäuser und viele andere kreative Einzelstücke. Sobald das Kind mit den Werkzeugen umgehen kann, kann es seiner Fantasie freien Lauf lassen.

Das Arbeiten an der Werkbank eignet sich besonders für Vorschulkinder. Als längerfristiges Projekt kann das Werken den Übergang hin zur Einschulung begleiten. Die eigenständige Handhabe von als gefährlich geltenden Werkzeugen ist aufregend, macht ein wenig Angst, aber lässt auch sichtbaren Stolz entwickeln. Dabei werden auch vielfältig Sinne angesprochen: Der Geruch von Sägespänen, die Vibration der Säge, das Knarzen des Bohrers, die Wärme der Werkzeuge nach der Nutzung. Beim Werken selbst gilt es dann, Anstrengungen und spürbare Widerstände zu überwinden. Der gleiche Ast kann sich mal dick wie ein ganzer Stamm oder dünn wie der kleinste Zweig anfühlen. Meistens war in der ersten Stunde bereits das Sägen der Karosserie so kräftezehrend, dass es als Etappenziel für die Stunde vollkommen ausreicht. Über mehrere Wochen hinweg ist der Bau am Auto fester Bestandteil der Förderstunden, an manchen Tagen ungeliebte Aufgabe, an anderen wieder das Schönste. Ungeplante Hindernisse sowie das ein oder andere Missgeschick sind Teil des Werkens und gehören zum Prozess dazu. Am Schluss werden alle Höhen und Tiefen des Schaffenserlebens dann vom fertigen Auto repräsentiert. Es fährt vielleicht nicht so schnell wie fertig gekaufte Spielzeugautos, dafür ist das emotionale Band zum ersten eigenen Werkstück immer ein besonderes und das Holzauto ein schönes Artefakt aus der Förderung.

Nachdem über den gesamten Frühförderverlauf zahlreiche Erfahrungen gemacht wurden, in denen die Kinder ihre Körper und vor allem ihre Hände als Werkzeuge eingesetzt haben, geht es an

der Werkbank mit der Nutzung von tatsächlichen Werkzeugen nun einen Schritt in die Abstraktion. Die Förderung der Koordination, darunter auch Auge-Hand-Koordination, sowie der feinmotorische Handgebrauch liegen bei der Nutzung von Werkzeugen quasi auf der Hand. Doch auch psychomotorische Funktionen, eng verbunden mit der Fähigkeit, die eigene Kraft zu dosieren, werden dabei herausgefordert. Beim Sägen im Zweitakt erfordert es einen leichten, rhythmischen Kraftaufwand, beim Bohren wiederum einen stetigen und nachdrücklichen. Werkzeugnutzung ist Bereich des Bewegungssinns, aber auch der Lebenssinn wird gefordert. Durch das Wahrnehmen und den Umgang mit eigenen Empfindungen und Regungen bei der Arbeit zeigt er sich dem Kind deutlich. Darüber hinaus kann das Kind eine Vielzahl an Kompetenzen erlernen. Wie selbstverständlich werden Grenzen wahrgenommen und eingehalten, im Umgang mit den Werkzeugen, aber auch in der abschließenden Pflege der Umgebung. Darauf wirkt auch die innere Haltung des Erwachsenen, mit der gewerkt, geputzt und aufgeräumt wird. Der gesamte Prozess fördert durch Arbeits- und Aufgabenteilung außerdem die Kommunikations- und Kooperationsfähigkeit. Die Fachkraft nimmt im fliegenden Wechsel eine bestimmende, unterstützende oder kooperative Rolle ein. Auch hier ist das gemeinsame Sägen mit der Bogensäge ein gutes Beispiel. Die Fachkraft erlaubt zuerst den Zugang zum scharfen Werkzeug. Sie kompensiert, wenn nötig, motorische Ungenauigkeiten des Kindes und ist auf Augenhöhe mit dem Kind Teil des rhythmischen Hin-und-Hers beim Sägen. Demgegenüber erfüllt das Kind eine ebenso komplexe Rolle. Da beim Werken nicht immer alles auf Anhieb klappt, gibt es auch beim Bau des Holzautos zahlreiche Möglichkeiten, mit Frust umzugehen. Zentral ist hierbei aus Sicht des Erwachsenen die eigene Einstellung zu kleinen Fehlschlägen. Stöhne ich selbst, wenn etwas misslingt oder steht die Freude am Tun im Vordergrund? Insgesamt gilt es, viel Konzentration und Aufmerksamkeit aufzubringen. Wie bei vielen gestalterisch-handwerklichen Tätigkeiten lebt das Kind den Fluss von der eigenen Vorstellungskraft über die erlebte Handlung bis zum bestehenden Ergebnis. Dadurch erlebt das Kind den Prozess von einer Idee bis zum handfesten Objekt. Das begünstigt visuelles und räumliches Vorstellungsvermögen sowie die Überzeugung von Selbstwirksamkeit.

Rollbrett fahren

Rollbretter bieten eine Vielzahl an neuen Bewegungsmustern und können vielfältig eingesetzt werden. Wir stellen drei unserer beliebtesten Spiele vor:

Sammelspiele

Verschiedenste Objekte und Materialien, die gut zu hantieren sind, werden im Raum verteilt. Zusätzlich werden Behältnisse, Körbe oder Kisten aufgestellt, in welche die Materialien gelegt werden sollen. Das Kind sammelt vom Rollbrett aus die Gegenstände vom Boden ein und wirft sie in die dafür vorgesehenen Behälter. Um die Motivation und Fantasie anzuregen, bietet es sich an, das Spiel mit einer Geschichte zu begleiten, z. B. die Müllabfuhr, ein U-Boot zum Fangen seltener Fischarten und Suchen von versunkenen Schätzen, Bus und Bahn oder auch Pac-Man, Sonic und sonstige Figuren aus der kindlichen Lebenswelt. Das Kind kann auf dem Rollbrett in Bauchlage, sitzend oder kniend fahren. Für die letzten beiden Varianten gibt es eine Art Ruder (ein Stab mit jeweils einem Gummiball am Ende), mit dem sich das Kind zur Fortbewegung vom Boden abstoßen kann, ähnlich wie beim Kajakfahren.

Es ist grundsätzlich eine Freude für die Kinder, den Raum umzugestalten und den Teppich einzurollen, um genug Platz zum Rollbrettfahren zu schaffen. Schnell wird klar: Es macht nicht nur Spaß, sondern ist auch ganz schön anstrengend, in den verschiedenen Positionen auf dem Brett durch den Raum zu fahren. Tüchtig und ausdauernd kann das Kind Gegenstände sammeln, sie auf dem Brett mitfahren lassen und schließlich mit einem gezielten Wurf aufräumen. Die begleitende Geschichte gibt dem Spiel einen sinnstiftenden Rahmen und lässt Platz für kreative Ideen und Impulse, die das Kind einbringen kann, um die Sequenz auszuschmücken.

Sammelspiele sind eine niedrigschwellige Variante, um Kinder im spielerischen Rahmen an die eigenständige Fortbewegung auf dem Rollbrett heranzuführen. Je nach Körperlage wird im Sitzen und Knien besonders die Rumpfmuskulatur beansprucht, die eine stabile Körperspannung unterstützt. Besonders bei Nutzung des Ruders wird sie zusätzlich durch die wechselseitige Körperrotation gefördert. Im Liegen ist dafür die Schulter- und obere Rückenpartie herausgefordert, wenn die doch teils gewichtigen Sandsäckchen vom Boden gehoben

ZIELGRUPPE
ab 4–5 Jahren

WORUM GEHT'S?
Das Rollbrett bietet neue Bewegungsmuster, körperliche Herausforderung und Freude

WORAUF ACHTEN?
Es ist eine Umgebung nötig, die Lautstärke aushält und genügend Bewegungsraum bietet

FÖRDERTHEMEN
- Bewegungssinn, Gleichgewichtssinn, Lebenssinn, Tastsinn
- Koordination von Willkürbewegungen, Funktionen des Muskeltonus, psychomotorische Funktionen, Körperwahrnehmung
- Wahrnehmen und Einhalten von Grenzen
- Bewusstsein für Regeln, Überwinden von Angst, Problemlösefähigkeit

MATERIALIEN
Rollbrett, Ruder, Sandsäckchen, Häkelbälle, Körbe oder Kisten, Tische, Stühle, sonstige Möbel, Decken, Kissen, Rutschbrett, Seil, Kindermangel, Igelbälle

werden. Die gezielte Beanspruchung dieser Muskulatur hilft, in die Aufrechte zu kommen. Insgesamt lernt das Kind, das Rollen zu kontrollieren, seine Kraft und seinen Körper gezielt einzusetzen, um diese neue Bewegungsart zu meistern.

Rollbrettparcours

Diese Sequenz kann viel Platz bespielen und wird an ruhigeren Tagen im *Haus des Kindes* häufig durch das gesamte Obergeschoss aufgebaut. Aber auch kleinere Abschnitte als Teil von einem Kletterparcours sind möglich. Gemeinsam mit den Kindern wird ein Parcours mit verschiedenen Elementen konstruiert. Es gibt Hindernisse, die im Slalom umfahren werden, dazu Seile, Bänke und Stühle, die als Leitplanken dienen. Tische und andere hohe Möbel werden mit Decken abgedunkelt und fungieren als Tunnel. In der Regel gibt es einen Abschnitt, zu dem das Rollbrett verlassen wird, beispielsweise die Kindermangel als Waschanlage, hinter welcher die Fachkräfte mit Igelbällen warten.

Manche Kinder sind ganz dem Bauen des Parcours verschrieben, das eigentliche Fahren wird fast zur Nebensache. Man kann sich tückische Hindernisse überlegen, enge Kurven und Slaloms, aber auch lange Geraden zum Schnell-Fahren. Dann wird freudig überprüft, wie gut man durch den eigenen Parcours durchkommt. Nach einigen Wiederholungen ist es Zeit für ein neues Element, eine Verbesserung oder Variation des Bekannten. Eine große Herausforderung ist es, alle Hindernisse zu umsteuern, ohne an etwas zu stoßen. Die langanhaltende Anstrengung ist bei Erreichen der Waschanlage dann fürs erste überstanden. Es folgt ein kurzer Boxenstopp zur Entspannung und dann kann es weitergehen.

Zusätzlich zur Grundspannung (im vorigen Abschnitt beschrieben) beansprucht der Parcours noch ausdauernder und vielfältiger die Koordination und Kraftdosierung beim Fahren. Im explorativen Gestalten des Parcours wird zusätzlich Kreativität und Problemlösekompetenz geweckt: Wie kann ich möglichst herausfordernde und dennoch befahrbare Abschnitte bauen? Die Waschanlagen und Boxenstopps sind wichtige Elemente, um nicht in eine Überspannung zu geraten. Besonders bei großen und schwierigen Parcours nehmen Kinder die Pause gerne in Anspruch.

Die Rollbrettrampe

Hierfür wurde eigens ein etwa 2 m langes und 60 cm breites Holzbrett angeschafft und mit hölzernen Leitplanken versehen. Dieses Brett wird in eine Sprossenwand oder auf eine ähnlich stabile Struktur gehängt. In etwa 2 m Entfernung zum Ende der Rampe und im rechten Winkel dazu liegt der aufgerollte Teppich. Hier können noch extra Kissen und Decken gestapelt werden. Das Kind steigt oben auf der Rampe auf das Rollbrett und wird durch die Fachkraft gegen sofortiges Losfahren gebremst. Sobald das Kind sicher sitzt, zählen Kind und Fachkraft von 10 bis 0, bis die Fachkraft loslässt und die Fahrt losgeht. Das Kind wird am Ende durch den Teppich und die verteilten Polster aufgehalten. Je nachdem, wie hoch die Rampe gehängt wurde, sorgt die Geschwindigkeit des Rollbretts für einen großen, aber sicheren Zusammenstoß. Alternativ kann statt einer Rampe ein Seil am Rollbrett befestigt werden, an dem die Fachkraft das Kind bis zum Aufprall zieht.

Ähnlich wie bei einer Achterbahn steigt bei der ersten Runde die Anspannung schon beim Aufstieg. Der Zug der Schwerkraft wird gut spürbar, sobald man sich aufs Brett setzt. Nun hält nur noch die Fachkraft davon ab, loszusausen. Es ist eine Überwindung, sich darauf einzulassen und die Sicherheit des Festgehalten-Werdens freiwillig aufzugeben. Dennoch wird gemeinsam rückwärts gezählt. Dann wird in kurzer Abfolge die Beschleunigung, die Schnelligkeit, das Aufkommen auf dem Boden und der Zusammenprall mit dem Teppich und der ausliegenden Polsterung spürbar.

Ähnlich wie bei der Seilbahn oder dem Kugelsprung geht es bei dieser Sequenz auf der einen Seite um das Überwinden von Angst, hier im freiwilligen Abgeben der Kontrolle im Angesicht der wilden Fahrt. Sobald der Countdown runtergezählt ist, bewegt sich das Rollbrett immer schneller und kann vom Kind nicht ohne Weiteres gestoppt werden. Die Angst weicht im Erleben schnell der Freude des intensiven Körpererlebens. Auf der anderen Seite bietet die Sequenz die Möglichkeit für Freude an Reibung, Ausleben von Risiko und dem klaren Spüren des Selbst in Abgrenzung zur Welt. Somit stehen hier vor allem Tast- und Lebenssinn im Vordergrund.

«Strebe nach Ruhe, aber durch das Gleichgewicht,
nicht durch den Stillstand deiner Tätigkeit.»
Friedrich Schiller

Gleichgewichtssinn

Im Gleichgewicht finden wir unseren eigenen Stand- und Mittelpunkt. Die Fähigkeit des Gleichgewichts entsteht durch die allmähliche Aufrichtung des Menschen.

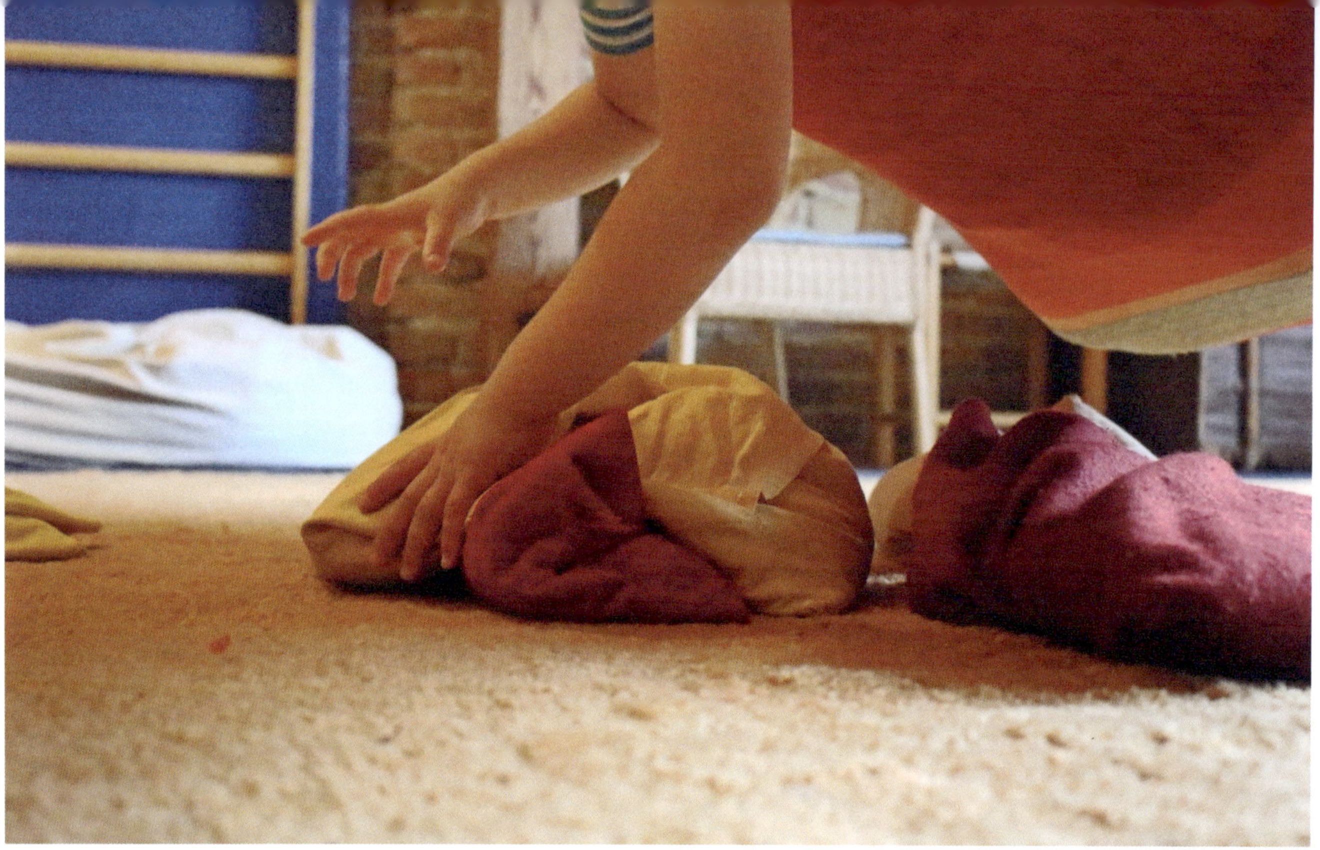

Hängematte

Hängematten gehören zu der Standardausstattung der Therapieräume. Es sind breite, gewebte Stoffhängematten, in denen sitzend oder liegend, alleine oder zu zweit geschaukelt werden kann. Das Schaukeln in der Hängematte lässt sich gut mit einer Geschichte verknüpfen: Die Kinder steigen in ein Boot, das langsam raus aufs Meer fährt. Dazu wird die Hängematte zunächst ruhig angeschwungen. Das Tempo kann reguliert werden, indem das Kind selbst bestimmt, ob das Boot langsamer oder schneller fahren soll. Auf dem Meer ziehen häufig Stürme auf, der Wind schaukelt das Boot stärker hin und her, hohe Wellen lassen es schwanken. Hierbei wird die Hängematte stärker geschwungen und zum Wackeln und Ruckeln gebracht. Sobald die Sonne hinter den Wolken hervorkommt, wird das Meer wieder ruhiger oder Fische springen aus dem Wasser. Als Fische werden unterschiedlich schwere Sandsäckchen um die Hänge-

ZIELGRUPPE
ab 2–3 Jahren

WORUM GEHT'S?
Das Kind kann in der Hängematte schaukeln und auch durch Geschaukeltwerden zur Ruhe kommen

WORAUF ACHTEN?
Das Ein- und Aussteigen sollte begleitet werden. Bei kleinen Widerständen nicht zu schnell aufgeben, viele Kinder vergessen ihre Ängste vor der Bewegung im Angesicht der Freude beim Schaukeln. Die Intensität des Schaukelns sollte individuell für jedes Kind ausprobiert werden

FÖRDERTHEMEN
- Gleichgewichtssinn, Lebenssinn, Bewegungssinn
- Die Propriozeption betreffende Funktionen, Funktionen des Muskeltonus, Koordination von Willkürbewegungen (speziell Auge-Hand-Koordination)
- Fachkraft-Kind-Bindung, Wärme, Geborgenheit, zur Ruhe kommen
- Selbstwertgefühl

MATERIALIEN
Hängematte, Sandsäckchen

matte herum verteilt, die von den Kindern gefangen werden können. Auf dem Bauch liegend greifen die Kinder nach den Sandsäcken und heben sie in die Hängematte. Plötzlich kommt ein großer, hungriger Wal vorbeigeschwommen, der am liebsten kleine Fische frisst und damit gefüttert werden möchte. Ein großer Weidenkorb oder eine Holzwanne dienen als Wal, in den die Kinder die Sandsäckchen werfen. Nach dieser aufregenden Bootsfahrt macht sich das Boot auf den Weg zurück zum Hafen, wo es anlegt und die Kinder wieder aussteigen können. Zusätzlich können Variationen eingebaut werden. Die Kinder können z. B. mit Sandsäckchen zugedeckt zu werden, während sie in der Hängematte liegen. Oder sie können sich selber Schwung geben, durch die eigene Bewegung oder mit Hilfe eines Seils, das an einem Ende vom Kind und am anderen Ende von der Fachkraft gehalten und rhythmisch gezogen wird.

Manche Kinder möchten schnell und hoch geschaukelt werden, sie lachen und freuen sich über starke Wellen, während andere nur ganz sanfte Schaukelbewegungen mögen. Manche halten liegend den Stoff der Hängematte zu, um ganz umschlossen zu sein, andere schaukeln lieber im Sitzen. Viele Kinder steigen spielend in die Fantasiegeschichte ein, einzelne genießen es, ganz in Stille zu schaukeln, vielleicht begleitet von einem Lied. Sie schließen dabei die Augen und entspannen sich.

Das Schaukeln fördert die vestibuläre Wahrnehmung des Kindes, sodass der Gleichgewichtssinn gut ausgebildet werden kann. Zudem zeigen sich in der Hängematte mögliche Auffälligkeiten in der Körpereigenwahrnehmung. Beispielsweise kann sich ein Kind, das immer schnelleres Schaukeln einfordert, meist nur durch starke Reize selber spüren. Das Angeln und Bedecken mit Sandsäckchen kann durch die Schwere der Säckchen die Körperwahrnehmung und Tiefensensibilität zusätzlich unterstützen. Darüber hinaus stärkt das Fischefangen spielerisch die Arm- und Rumpfmuskulatur zur Stabilisierung eines hypotonen Muskeltonus. Beim Werfen der Säckchen in den Korb wird die Auge-Hand-Koordination gefördert. Der Stoff der Hängematte hüllt die Kinder ein und dunkelt die Umgebung leicht ab, ergänzt durch leichte Schaukelbewegungen. Die Situation erinnert an die Zeit im Mutterleib und als Neugeborenes. Die Kinder werden umschlossen und gewiegt, wodurch das Gefühl von Schutz und Geborgenheit nachempfunden wird, als Grundlage für eine gesunde Entwicklung. Das Schaukeln in der Hängematte ist ein geeignetes Angebot zum Abschluss der Förderstunde, als Entspannung und Ausklang.

Plattformschaukel

Die Plattformschaukel ist eine 90x90cm große, mit Holz unterlegte und mit Schaumstoff gepolsterte Plattform, an deren vier Ecken jeweils ein Seil zur Aufhängung angebracht ist. So kann die Schaukel variabel an der Decke befestigt und in unterschiedlichen Höhen aufgehangen werden. Die Schaukel kann sowohl bei kleinen als auch bei älteren Kindern eingesetzt werden. Der Untergrund sollte weich gepolstert sein, um beispielsweise Krabbeln zu ermöglichen, aber auch zum Abfedern. Mit Kleinkindern kann die

ZIELGRUPPE
alle Altersstufen

WORUM GEHT'S?
Die bodennahe Plattformschaukel kann in verschiedenen Körperpositionen genutzt werden und regt die Entwicklung der Aufrechten an

WORAUF ACHTEN?
Die Plattformschaukel ist durch den Holzrahmen sehr massiv und schwer, Kinder sollten sich daher nicht auf dem Boden um die schwingende Schaukel befinden

FÖRDERTHEMEN
- Gleichgewichtssinn, Bewegungssinn, Tastsinn, Lebenssinn
- Die Propriozeption betreffende Funktionen, Funktionen des Muskeltonus, Körperwahrnehmung
- Fachkraft-Kind-Bindung, Wärme, Geborgenheit
- Selbstwertgefühl

MATERIALIEN
Plattformschaukel, evtl. Spielmaterialien wie Sandsäckchen, Bälle, Decke zum Zudecken

Schaukel zunächst von außen bespielt werden, indem Gegenstände, z. B. unterschiedlich schwere Sandsäckchen, auf- und abgeladen werden. Es muss sich mitbewegen, damit die Schaukel frei schwingen kann. Ein Kind, das noch nicht frei stehen kann und die Schaukel als Hilfe zum Aufrichten nutzt, ist herausgefordert, sich an dem sich bewegenden Objekt auszubalancieren. Wenn bei kleineren Kindern die pädagogische Fachkraft die Schaukel festhält, kann das Kind idealerweise selbstständig heraufklettern. Die Position auf der Schaukel sollte dabei möglichst mittig sein, damit diese nicht kippt. Sobald sich das Kind sicher auf der Schaukel halten kann, kann diese auch angeschwungen werden. Manche Kinder liegen anfangs in Rückenlage auf der Schaukel, andere wiederum auf dem Bauch. Hierbei kann das Kind zugedeckt oder mit Sandsäcken belegt werden. Später werden kleine Spiele eingebaut, z. B. die Hände und Füße zu berühren, immer wenn das Kind auf die Fachkraft zugeschaukelt kommt, oder es werden dem Kind Gegenstände gereicht bzw. geworfen, die es greifen oder fangen kann. Je nach Alter und Fähigkeiten können weitere Spiele hinzugenommen werden. Beim Fischefangen liegt das Kind auf dem Bauch auf der Schaukel und sammelt auf dem Boden verteilte Sandsäckchen mit den Händen ein, die es auf die Schaukel heraufhebt. Hierfür eignen sich besonders unterschiedlich schwere, mit Reis, Dinkelspelz, Kirschkernen oder Sand befüllte Säckchen und Kissen. Dabei kann das Kind versuchen, sich mit den Händen am Boden abzustoßen und so selbst Schwung zu holen und sich in die richtige Richtung zu bewegen. Ähnlich wie bei der Hängematte wird die Aktivität des Kindes mit einer Geschichte begleitet. So können beispielsweise Schätze oder Fische aus dem Meer geangelt werden. Zurück am Hafen angelangt, kann das Kind die geangelten Fische von Bord werfen. Dafür wird eine Wanne, ein Korb oder ähnliches

aufgestellt, in welche die Säckchen geworfen werden sollen. Ältere Kinder können zudem ausprobieren, im Stehen zu schaukeln. Dabei kann sich an den Seilen festgehalten und versucht werden, durch das Verlagern des eigenen Gewichts selbst Schwung zu holen.

Vom Boden aus exploriert das Kind neugierig, wie sich die Schaukel bewegt, macht die Erfahrung, je schwerer sie beladen ist, desto mehr Kraft erfordert es zum Anschwingen. Auf der Schaukel suchen sich die meisten Kinder eine anfängliche Position, in der sie sich sicher fühlen. So zeigen uns Rücken- oder Bauchlage, Kniesitze oder Vierfüßlerstände, wie sicher sich das Kind auf dem wackeligen Untergrund fühlt. Zu Beginn geht es dann vor allem darum, das Schwingen zu erleben. Langsam oder etwas schneller, vor und zurück, von rechts nach links oder im Kreis herum. Besonders liegende Kinder erfahren zusätzlich Wärme und Geborgenheit sowie ihren eigenen Körper, wenn sie zugedeckt werden. Wenn das Kind sich an das Schaukeln gewöhnt hat und sich wohl fühlt, kann der Erlebnisrahmen mit Spielen vergrößert werden. Die Geschichten eignen sich wunderbar, um die Motivation und die Fantasie des Kindes anzuregen. Die Plattformschaukel letztlich stehend und eigenständig anschwingen zu können, sorgt meist für große Freude. Sie ist nun kein Wagnis mehr, sondern als Herausforderung vollständig erobert.

Über das Schaukeln wird primär der Gleichgewichtssinn angesprochen. Anders als in der Hängematte, in der das Kind eng eingehüllt ist, bekommt es frei sitzend auf der Plattformschaukel die Fliehkräfte ganz anders zu spüren. Auch die visuellen Reize sind hier stärker, sodass das vestibuläre System die stetigen sensorischen Informationen verarbeiten und integrieren muss. Die Veränderung der unterschiedlichen Positionen, das Liegen, Sitzen oder Stehen bei gleichzeitiger Bewegung der Schaukel im Raum unterstützt die Körperwahrnehmung und Orientierung des eigenen Körpers im Raum. Durch die verschiedenen Spiele und Übungen wird zusätzlich die Koordination gefördert, insbesondere die Auge-Hand-Koordination, wenn das Kind nach Gegenständen greift, sie fängt oder zielgenau wirft. Das Angeln schwerer Gegenstände vom Boden aus der Bauchlage heraus erfordert viel Kraft nicht nur aus den Armen, sondern insbesondere aus dem Bauch und Rücken heraus und stärkt so die Rumpf- sowie die gesamte Körpermuskulatur, was besonders bei Kindern mit schwachem Muskeltonus eine zwar anstrengende, aber dennoch spaßige Übung ist. Es bietet sich an, die verschiedenen Übungen so aufeinander aufzubauen, dass das Kind vom Schwingen in der Rückenlage, über die Bauchlage zum Schaukeln im Sitzen und zuletzt zum Stehen kommt, um so wie nebenbei die natürliche Bewegungsentwicklung und den Prozess des Aufrichtens zu wiederholen.

Tellerschaukel

Die Tellerschaukel ist eine Wackelscheibe, die an einem Seil an der Decke hängt. Im Gegensatz zu einer normalen Schaukel kann sie frei in alle Richtungen schwingen. Das Kind hält sich am Seil fest und fixiert mit den Beinen die Schaukel fest unter sich. Danach kann die Fachkraft das Kind anschubsen und schaukeln lassen, oder das Kind nimmt selbst Anlauf und springt auf.

Für viele Kinder ist die Tellerschaukel ein freudiger und ausgelassener Abschluss der Stunde. Die Aufregung des freien Schaukelns, ähnlich wie bei einem Kettenkarussell, sorgt bei den meisten Kindern für munteres Gelächter. Auf individuelle Vorlieben, wie nur ganz sachte oder sehr wild zu schaukeln, kann gut eingegangen werden. Die Angst vorm Runterfallen, wenn vorhanden, wird schnell von der Freude am Risiko übertroffen. Hierbei wird der pädagogisch-therapeutische Raum nochmal völlig neu erlebt, indem in beachtlicher Höhe durch ihn gesaust wird. Um dieses Erlebnis so lange wie möglich halten zu können, hält sich das Kind ausdauernd an Seil und Schaukel. Die Fachkraft ist sichere Begleitung und Gegenüber im Erleben.

ZIELGRUPPE
ab 4 Jahren

WORUM GEHT'S?
Auf der Tellerschaukel geht es um körperliche und emotionale Spannung sowie Freude am Wagnis

WORAUF ACHTEN?
Die Knie sollten beim Schaukeln allzeit geschlossen sein, die Oberarme rechtwinklig angespannt. Man kann von außen gut erkennen, wann das Kind den Halt verliert

FÖRDERTHEMEN
- Gleichgewichtssinn, Bewegungssinn, Lebenssinn
- Funktionen des Muskeltonus, Körperwahrnehmung
- Fachkraft-Kind-Bindung, Freude
- Überwinden von Angst

MATERIALIEN
Tellerschaukel, Teppich, Matten

Die Tellerschaukel eignet sich nicht nur als Abschlussritual, auf das sich ein Kind freuen kann. Ebenso können die Glücksgefühle im Schaukeln auch als Motor genutzt werden, Angst vor Bewegung und im übertragenen Sinne vor Veränderung zu überwinden. Zudem wird der Muskeltonus gefordert, wenn das Kind seinen gesamten Körper gegen die Fliehkräfte der Schaukelbewegung halten muss und sich so im Gleichgewicht hält.

Lauftrommel

Im großen Therapieraum stehen zwei unterschiedlich große Trommeln, in denen in der Regel verschiedene Kissen und Bälle lagern. Hiermit ist nicht das Musikinstrument gemeint. Die Trommeln ähneln einem Fass, sind zu beiden Seiten hin offen und können auf die Seite gekippt werden, sodass man sie rollen kann. Eine ist aus dünnem Holz, hat einen Durchmesser von etwa 45 cm und ist von außen mit Cordstoff bezogen, die andere besteht aus vertikalen Holzstäben und hat an beiden Enden jeweils einen Reifen mit einem Durchmesser von etwa 75 cm. Bei Auswahl der Trommel ist zu beachten, dass sich solche mit größerem Durchmesser leichter ausbalancieren lassen als die kleineren Varianten. Aus dem Spiel mit den Trommeln kann eine Fördersequenz entstehen, die den Gleichgewichtssinn der Kinder stark herausfordert. Die einzelnen Schritte der Sequenz werden zunehmend anspruchsvoller und können je nach Fähigkeiten des Kindes über mehrere Fördereinheiten weitergeführt werden. Die Erfahrung hat gezeigt, dass das Beibehalten der Reihenfolge im Aufbau der Sequenz genauso lohnend ist, wie Zeit zum Explorieren von neuen Verwendungszwecken der Trommeln einzubauen. Der Boden in der Umgebung sollte weich gepolstert sein, etwa mit einem dicken Teppich. Als erste Übung kann sich in eine Trommel gelegt werden, um die Länge des Teppichs herauf- und wieder herunterzurollen. Dabei entsteht die Rollbewegung aus der Rotation des Kindes um die eigene Körperachse. Als nächstes ist es Aufgabe, sich ähnlich wie bei einem Pferd auf eine Trommel zu setzen und das Gleichgewicht zu

ZIELGRUPPE
ab 5 Jahren

WORUM GEHT'S?
Mehrstufige Sequenz für das Gleichgewicht und den Grundtonus

WORAUF ACHTEN?
Die Umgebung möglichst gefahrenfrei gestalten. Die Hand zur Hilfe anzubieten oder sonstige Arten des buchstäblichen Eingreifens nehmen der Sequenz ihr Potenzial

FÖRDERTHEMEN
- Gleichgewichtssinn, Bewegungssinn, Lebenssinn
- Koordination von Willkürbewegungen, Funktionen des Muskeltonus, psychomotorische Funktionen, die Propriozeption betreffende Funktionen
- Frustrationstoleranz
- Selbstwirksamkeitsüberzeugung, Konzentration und Ausdauer

MATERIALIEN
Lauftrommel, Teppich

halten, ohne dass die Füße den Boden berühren. Anfangs stützen sich die Kinder oftmals noch mit den Händen am Rand der Trommel ab, im nächsten Schritt werden sie in die Höhe gehoben, was das Gleichgewicht des Kindes umso stärker fordert. Von der sitzenden Haltung aus kann schrittweise der Weg in die Aufrechte erprobt werden. Zuerst wird dafür aus dem Sitzen ein Knien, auch hier können die Hände zunächst als Stütze dienen, bevor das Kind das freihändige Knien ausprobieren kann. Zum langsamen und kontrollierten Aufrichten wird ein Fuß nach dem anderen aufgesetzt, danach der restliche Körper entlang der Wirbelsäule bis schließlich zum Kopf aufgerichtet, während die auftretenden Wackelbewegungen der Trommel ausgeglichen werden. Als letzte Übung auf der Lauftrommel kann das Vor- und Rückwärtslaufen versucht werden. Sobald das Kind sich frei auf dem Gerät stehend bewegen kann, können zusätzlich Wurf- und Fangspiele angeboten werden.

Der Ablauf der vielen verschiedenen Stufen ist in seiner Dauer genau wie in seiner Qualität höchst individuell. Grundsätzlich ist dies eine Fördersequenz, in der Freude und Herausforderung Hand in Hand gehen, weswegen sie sich prinzipiell für jedes Kind eignet. Kinder mit großem Bewegungsdrang können hier implizit üben, diesen zu konzentrieren und effektiv einzusetzen. Aus impulsiven, starken und schnellen Bewegungen werden solche, die von einer inneren Ruhe aus reguliert und kontrolliert werden. Andere, eher verhaltene Kinder finden in dieser Sequenz die Möglichkeit, ihre Unsicherheiten zu überwinden und sich zunehmend standfest zu erleben, jeglichen Wacklern zum Trotz. Egal wie das Kind in seiner Individualität der Übung begegnet, meist ist ein zentrales Thema die pädagogische Begleitung von Frust und Misserfolgen. Denn nur den wenigsten Kindern gelingen die Übungen auf Anhieb. Im Prozess ist es bedeutsam, immer wieder auch die negativen Emotionen des Kindes zu benennen, zu validieren und dennoch zum Weiterprobieren zu ermutigen, um sich dann über die kleinen Erfolge gemeinsam zu freuen. Denn ob Aufsitzen, Knien, Krabbeln, Stehen oder Laufen: Die Freude über eine erlernte Fähigkeit sollte mindestens so groß sein wie die Anstrengung, die in ihr Erlangen hineingeflossen ist.

Im Vordergrund dieser Übungen stehen auf motorischer Ebene die Koordination von großen Bewegungen wie dem Aufsitzen oder Aufstehen und kleineren Bewegungen, die dem Halten des Gleichgewichts dienen. Vor allem letztere fördern durch die langanhaltende und stetige Beanspruchung der Rumpfmuskulatur den Grundtonus der Kinder. Außerdem haben sie die Möglichkeit, eine bessere psychomotorische Kontrolle über ihre Bewegungen zu entwickeln. Denn besonders beim Ausbalancieren ist die Bewegungsqualität, sprich ruhige und gezielte, aber dennoch geschwinde und geschmeidige Bewegung, von großer Bedeutung und kann einen wichtigen Schritt in Richtung Erfolg darstellen. Dazu fordert und fördert die Sequenz auch die Wahrnehmung des eigenen Körpers und seiner einzelnen Teile im Raum. Seite an Seite stehen hier wieder die Frustrationstoleranz und die Selbstwirksamkeitsüberzeugung. Kinder können erleben, in Phasen der Anstrengung auch bei Misserfolgen nicht aufzugeben und ziehen im Regelfall daraus einen Gewinn für sich. Die Bewältigung der Aufgabe gibt auch Hinweise auf die anderen drei basalen Sinnesebenen des Kindes: Springt es ohne Gefahrenbewusstsein von der Trommel und landet immer wieder fast gewollt hart auf dem Boden? Fällt es dem Kind besonders schwer, den Frust des Nicht-Könnens auszuhalten? Sind die verschiedenen Versuche in ihrer Bewegungsqualität resolut und entschlossen genug? Auffälligkeiten in diesen Bereichen können darauf hindeuten, dass primär noch andere Sinne der Nachreifung bedürfen.

Im Vordergrund dieser Übungen stehen auf motorischer Ebene die Koordination von großen Bewegungen wie dem Aufsitzen oder Aufstehen und kleineren Bewegungen, die dem Halten des Gleichgewichts dienen.

Kugelsprung

Der sogenannte Kugelsprung ist eine simple, aber sehr facettenreiche Fördereinheit. Eine massive, nicht ganz runde Holzkugel wird durch zwei Steine vom Rollen fixiert und steht so neben der Sprossenwand im Raum. Entfernt man die Bremsklötze, kann die Kugel gerollt werden. Durch ihre unebene Beschaffenheit ergeben sich große Widerstände, doch rollt sie erstmal, braucht es schon mal viel Kraft, um sie zu lenken oder zu stoppen. Die Kugel wird vom Kind auf den Teppich gerollt, davor wird ein großer Kirschkernsitzsack gelegt. Nun darf das Kind auf die wackelnde Holzkugel klettern, sich aufrichten und in den Sitzsack springen. Als Variation bietet sich statt der Holzkugel ein Gymnastikball an.

Die Kugel lässt sich nur mit großer Anstrengung bewegen. Mit einem Knarzen setzt sie sich dann in Bewegung und erscheint plötzlich schnell und agil. Doch auch das ändert sich wieder. Sie zögert durch ihre Unebenheit ein wenig, wird nochmals merklich schwerer in ihren Bewegungen und fordert erneut viel Kraft, um ihr Rollen fortzusetzen. Der eigentlich recht kurze Weg von ihrem festen Platz bis zum Ziel auf dem Teppich erweist sich als richtige Herausforderung. Auch das Heraufklettern ist nicht wirklich einfach, denn die glatte, harte Oberfläche bietet wenig Halt. Dazu reagiert die Kugel bei jedem Versuch, sie zu erklimmen, mit einem trägen, fast trotzigen Wackeln, als wolle sie das Kind wieder abwerfen. Ein breiter Spalt in der Kugel kann Halt bieten, ein großer Satz und viel Balancekraft führen dann zum Erfolg. Das Kind kniet sicher auf der regungslosen Kugel. Aus dieser sicheren Position heraus muss nun der Weg in die Aufrichte gewagt werden, um aus festem Stand heraus den Sprung in den Sitzsack machen zu können. Das weiche Ziel bietet Möglichkeit zur Erholung und zum Nachklingenlassen. Danach heißt es: Gleich nochmal.

Bei dieser Fördereinheit gilt es, große körperliche Anstrengung aufzubringen. Das Kind muss viel Muskelkraft und -spannung aufbringen, um die Kugel erstmal zu bewegen. Danach fordert die Kugel die Problemlösekompetenz, die Handlungsplanung sowie das vestibuläre System des Kindes heraus: Kann es beim Aufsteigen auf die Bewegungen der Kugel mit adäquaten Ausgleichsbewegungen reagieren? Es wird auch thematisiert, wie bei wiederholten Fehlschlägen mit dem auftretenden Frustrationsgefühl umgegangen werden kann, um Anstrengungen ausdauernd aufrechterhalten zu können. In der Überwindung zum Aufrichten und Springen wird über den motorischen Aspekt hinaus die Selbstsicherheit gefördert, abgeschlossen mit der Landung als intensivem und angenehmen Reiz für die propriozeptive Wahrnehmung des Kindes. Die Einheit als gesamtes trägt zu einem gesunden Selbstkonzept des Kindes bei, indem die Überzeugung gewonnen wird, durch selbstwirksames Handeln auch schwierige Hindernisse überwinden zu können.

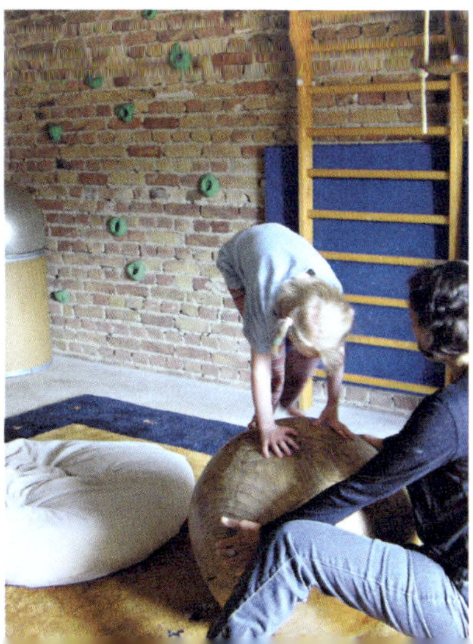

ZIELGRUPPE
ab 4 Jahren

WORUM GEHT'S?
Das Kind klettert auf eine große, geschnitzte Kugel und wagt einen Sprung in den Sitzsack

WORAUF ACHTEN?
Je nach Material der Kugel sollte der Sitzsack weit genug entfernt sein, damit Fehllandungen nicht für Kopfverletzungen sorgen

FÖRDERTHEMEN
- Lebenssinn, Gleichgewichtssinn, Bewegungssinn, Tastsinn
- Koordination von Willkürbewegungen, Funktionen des Muskeltonus, die Propriozeption betreffende Funktion, Kraftdosierung
- Frustrationstoleranz
- Problemlösefähigkeit, Handlungskompetenz, Selbstwirksamkeitsüberzeugung

MATERIALIEN
Holzkugel mit ca. 70 cm Durchmesser, alternativ ein Gymnastikball, Sitzsack, Teppich oder Matten zum Unterlegen

«Erst was wir im Innern erleben, gibt uns den Schlüssel zu den Schönheiten der Außenwelt.»
Rudolf Steiner

Mit allen Sinnen

Im ersten Jahrsiebt ist das Kind ganz Sinneswesen. Dementsprechend benötigt es in dieser Zeit wertvolle und vielfältige Sinneserfahrungen. Die Entwicklung und Pflege der unteren Sinne sorgt für eine gesunde Basis, die ein Leben lang tragen kann.

In der Natur

Unsere Frühförderstelle liegt am nördlichen Stadtrand von Frankfurt und ist somit vergleichsweise naturnah. In Niederursel gibt es aktuell noch Wiesen und Felder, Spazierwege am Bach entlang, Gärten mit Sandkästen, Blumen- und Gemüsebeeten sowie Obst- und Nussbäumen. So bieten sich viele Möglichkeiten, draußen etwas zu unternehmen. In manchen Stunden unternehmen wir einen Spaziergang. Ein beliebtes Ziel ist der Bach, um dort Steine ins Wasser zu werfen. Aber auch auf dem Weg finden sich Möglichkeiten zur Exploration. Die umzäunten Gärten eigenen sich beispielsweise für freies Spielen in einem geschützten Rahmen. Hier können auch jahreszeitliche Projekte entstehen, um ins gemeinsame Schaffen zu kommen: Blumen gießen, Gemüsebeete anlegen und pflegen,

ZIELGRUPPE
alle Altersstufen

WORUM GEHT'S?
Die Natur als Entwicklungsraum des Kindes nutzen. Multisensorische Erfahrungen in der Natur machen. Entdeckerfreude entwickeln.

WORAUF ACHTEN?
Passende Kleidung für jegliche Wetterlagen.

FÖRDERTHEMEN
- Tastsinn, Lebenssinn, Bewegungssinn, Gleichgewichtssinn
- Koordination von Willkürbewegungen, psychomotorische Funktionen, Funktionen des Muskeltonus, die Propriozeption betreffende Funktionen
- Parallelspiel, Wahrnehmen und Einhalten von Grenzen, Fachkraft-Kind-Bindung
- Selbstwirksamkeitsüberzeugung, Selbstwertgefühl, Neugier und Interesse, Konzentration und Aufmerksamkeit

MATERIALIEN
Alles, was sich in der Natur finden und bespielen lässt

Laub rechen, Obst ernten und zu Saft verarbeiten, Hasel- und Walnüsse sammeln und knacken. Doch es braucht nicht all das, um Natur erfahrbar zu machen. Natur findet sich überall. Der Park um die Ecke, der Stadtwald in der Nähe, die Wiese hinterm Haus, der große Sandkasten auf dem Spielplatz nebenan, die Wasser- oder Matschkiste im Hof sowie das Hochbeet auf dem Balkon. Es kommt nicht darauf an, die idealen Bedingungen vorzufinden, sondern aus den vorhandenen Möglichkeiten das größtmögliche an Naturerfahrung herauszuholen.

Draußen kommt das Kind mit der Natur und den Elementen in Berührung und macht vielfältige sinnliche Erfahrungen. Sonnenstrahlen auf der Haut, Regentropfen im Gesicht und im Wind wehende Haare, barfuß durch Gras oder auf der warmen Straße laufen, die Füße im Sand eingraben, die Hände in kaltes Wasser tauchen oder im Matsch kneten. Für die einen ist es Genuss und pure Freude, andere reagieren zunächst mit Zaghaftigkeit oder Ekel. Manche Kinder fangen an zu nörgeln, wenn es heißt, dass wir nach draußen gehen. Sie finden es langweilig und wissen oft nicht, was sie dort spielen sollen oder haben keine Lust zu laufen. Ihnen hilft es, ein klares Ziel zu setzen: «Wir laufen bis zum Bach, dort machen wir eine Pause» oder «Wir gehen in den Garten und spielen dort im Sand». Oftmals regen auch konkrete Projekte, z. B. ein Beet umgraben und aussähen, zum Nachahmen und Mitmachen an, und erleichtern den Kindern auf diese Weise den Zugang zur Natur. Bei manchen Kindern macht es auch Sinn, den Bollerwagen mitzunehmen, so haben sie entweder eine motivierende und spaßige Aufgabe für den Weg oder können unterwegs ein Stück gefahren werden. Wenn das Rausgehen bzw. Spazierengehen zum wiederkehrenden Ablauf gehört, dauert es meist nicht lange, bis Freude am Entdecken der Umgebung entsteht. Die Kinder können beobachten und staunen: eine Schnecke im Gras, Knospen am Baum, die in der nächsten Woche zu zarten Blüten aufgehen, eine Entenmama, die mit ihren Kindern schwimmen geht, Regenpfützen, die beim Hineinhüpfen bis ins Gesicht spritzen, der Stein, der im Wasser untergeht, während ein Blatt darauf schwimmen kann, bunte Blätter im Herbst und zugefrorene Pfützen im Winter, deren Eis sich mit Stöcken und Steinen zerbrechen lässt. Es entwickelt sich immer mehr Abenteuerlust, in Büschen verborgene Geheimwege, umgefallene Baumstämme zum Klettern und Springen, Hügel und Abhänge, die erklommen werden. Immer mehr wird sich von den Erwachsenen abgekapselt und frei exploriert. Dabei kann jedes Kind ganz eigenständig die Nähe und Distanz zur Fachkraft wählen, mit der es sich wohlfühlt. Wie Satelliten werden die Erwachsenen umkreist, mal wird der Abstand verringert, um einen interessanten Fund zu teilen, dann geht es wieder auf neue Entdeckungstour, jederzeit mit der Gewissheit von Sicherheit und Vertrauen seitens der Fachkraft.

Die Natur bietet gegenüber dem Innenraum unendlich viele Wahrnehmungsmöglichkeiten auf allen Sinneskanälen. Zudem hat sie einen hohen Aufforderungscharakter zum Bewegen. Die abwechslungsreichen Bewegungsmöglichkeiten durch unebene Untergründe, Hügel, Böschungen, Bäume zum Klettern, schaffen ein natürliches Übungsfeld für die Motorik, Koordination und das Gleichgewicht. Spazierengehen kräftigt durch die gleichförmige, rhythmische Bewegung nicht nur die Haltung, den Muskeltonus und die Ausdauer, sondern auch die Lebenskräfte. Darüber hinaus wird die körperliche Vitalisierung durch das Bewegen an der frischen Luft unterstützt. Mikrobiologische Reize, mit denen das Kind durch die Erde, Pflanzen und Tiere in Berührung kommt, tragen zu einer Stärkung des Immunsystems bei und verringern das Risiko für bestimmte Krankheiten, z. B. Asthma und Allergien. Auch die Bildung von Vitamin D3 durch das natürliche UV-Licht der Sonne ist wichtig für das Immunsystem und beugt Gefäß-, Stoffwechsel- und Herz-Kreislauf-Erkrankungen vor. Zudem regt der Wechsel der Temperatur, das Erleben von der Wärme der Sonne und dem Kontrast von nasser Kälte bei Regen oder der trockenen, eisigen Kälte bei Minusgraden den Blutkreislauf und Stoffwechsel an. (Späker 2016, 201 ff.) Der Rhythmus der Natur, der Wechsel der Jahreszeiten, das Wachsen und Welken, das Geborenwerden und Sterben hat etwas beständig Wiederkehrendes und gleichzeitig etwas Erneuerndes, worin das Kind Verlässlichkeit und Geborgenheit erfährt. (ebd., 220) Die unterschiedlichen rhythmischen Qualitäten des Tages- und Jahreszyklus wirken auf die Lebenskräfte des Kindes: Sonnenaufgang und Frühling stehen für Anfang und Neubeginn, Kreativität und Motivation; Mittag und Sommer repräsentieren symbolisch Schaffenskraft und Konzentration; Sonnenuntergang und Herbst beinhalten die Qualitäten von Ernte und Reife, Verwelken und Loslassen; und Nacht und Winter bringen Ruhe und Regeneration, bevor der neue Tag bzw. das neue Jahr, symbolisch für die Wiedergeburt, neu beginnt. In dieser Hinsicht wird durch den Zyklus des Lebens, den die Natur sichtbar werden lässt, eine Anbindung an die Welt spürbar. Der Naturraum mit der Weite und Fülle an Sinnesreizen erfordert über den Tag gesehen auch einen Ausgleich zur Verarbeitung der gemachten Eindrücke. Hier kann es notwendig sein, den Kräftehaushalt des Kindes stellvertretend zu bemessen und Zeiten der Ruhe und Hülle einzuräumen, um die Regulationsfähigkeiten des Kindes zu unterstützen. Mittlerweile gibt es zahlreiche Möglichkeiten und Angebote, naturpädagogisch tätig zu werden. Letztlich reicht es aber bis zum Vorschulalter meist schon aus, einfach Zeit draußen zu verbringen.

AIGLE

Unter Tieren

Das Naturpädagogische Zentrum Schilasmühle ist Teil des *hofes* und kann für Frühförderstunden mitgenutzt werden. Die Schilasmühle ist ein alter Mühlenhof am Bach, mit Stallungen, Weide- und Wiesenflächen. Dort gibt es zwei Esel, Pferde, eine kleine Schafherde, Kaninchen und Hühner. Die Arbeit mit den Tieren bezieht sich nicht nur auf den Umgang mit ihnen, sondern umfasst auch die Versorgung und Pflege. Gemeinsam mit den Kindern werden die Ställe ausgemistet, das heißt die Pferdeäpfel zusammengerecht, das nasse Stroh und Einstreu zusammengefegt, mit der Schaufel aufgeladen und mit der Schubkarre auf den Misthaufen gefahren sowie frisches Stroh eingestreut. Die Futternetze werden auf dem Heu-

ZIELGRUPPE
alle Altersstufen

WORUM GEHT'S?
Sinnhafte Tätigkeiten mit und für Tiere fördern Körper, Leib, Seele und Geist und bahnen Beziehungsfähigkeit an

WORAUF ACHTEN?
Das Tier ist als Gegenüber mit eigenen Bedürfnissen und Grenzen zu sehen, die es zu respektieren und zu schützen gilt.

FÖRDERTHEMEN
- Tastsinn, Lebenssinn, Bewegungssinn, Gleichgewichtssinn
- Koordination von Willkürbewegungen, psychomotorische Funktionen, Funktionen des Muskeltonus, die Propriozeption betreffende Funktionen
- Kommunikationsfähigkeit, elementare interpersonelle Aktivitäten, Konzentration und Aufmerksamkeit, Wahrnehmen und Einhalten von Grenzen
- Selbstwirksamkeitsüberzeugung, Konzentration und Aufmerksamkeit, Selbstwertgefühl, Neugier und Interesse

MATERIALIEN
Alles rund um die Tierpflege

boden mit frischem Heu und die Tränken mit Wasser aufgefüllt. Für die Hasen kann frischer Klee oder Löwenzahn auf den Wiesen gepflückt oder Gemüse gefüttert werden. Auch die Schafe fressen Gras aus der Hand und lassen sich streicheln. Die Pferde und Esel werden gestriegelt und bekommen die Hufe ausgekratzt. Die Kinder können sie auf die Weide führen, nachmittags zurück in den Stall bringen oder mit ihnen spazieren gehen.

Einige Kinder sind im Kontakt mit den Tieren sehr forsch, teilweise übergriffig, sie möchten sehr nah an die Tiere heran und sie streicheln. Besonders die eher scheuen Kaninchen und Hühner erschrecken bei schnellen Bewegungen und lauten Geräuschen und ziehen sich zurück. Andere Kinder erschrecken selber, wenn ein neugieriges Schaf auf sie zugelaufen kommt oder ein Pferd sie mit der Nase anstupst und beschnuppert. Sie sind zu Beginn noch sehr ängstlich und brauchen einige Zeit, bis sie sich trauen, das Tier zu streicheln oder es Futter aus der Hand fressen zu lassen. Oft besteht eine innige Beziehung zu einem Lieblingstier. Die Kinder freuen sich jede Woche, wenn sie kommen und die Tiere im Stall auf sie warten. Sie streicheln und liebkosen sie ausgiebig.

Alle Arbeiten rund um die Tiere werden als sinnhafte Tätigkeiten erlebt, die zur Nachahmung anregen. Es erleichtert den Kindern, in einen Prozess einzusteigen, sich darin zu vertiefen und ihn von Anfang bis Ende auszuführen. Die Kinder übernehmen Verantwortung und Aufgaben werden immer konzentrierter und selbstständiger aus-

geführt. Die Tiere haben therapeutisch einen enorm hohen Wert, da sie Verhaltensweisen wertfrei und unmittelbar spiegeln, sodass Kinder ihr soziales Verhalten über die Reaktion der Tiere regulieren und anpassen können. Durch die eindeutigen Signale lernen die Kinder Empathiefähigkeit und soziale Fertigkeiten. Im Umgang mit den Tieren, besonders beim Führen der Pferde oder Esel, bedarf es einer eindeutigen Körpersprache. Beispielsweise schiebt das Kind bestimmt den Kopf des Esels zur Seite, wenn er frech nach einer Karotte in der Jackentasche sucht, oder es führt das Pony zielsicher und energisch in Richtung Stall, auch wenn es lieber das Gras auf der Weide fressen möchte. Eine aufrechte und entschlossene Haltung und Körpersprache begünstigt das Selbstbewusstsein.

Die Umgebung der Schilasmühle und die Tiere haben insgesamt einen hohen Aufforderungscharakter, sodass die Kinder auf natürliche Weise zum aktiven Tun angeregt werden. Die vielfältigen Erfahrungen fördern die Konzentration, das soziale Verhalten, das Selbstbewusstsein, wie auch die Wahrnehmung und die motorische Entwicklung der Kinder auf allen Sinnesebenen.

Die Tiere haben therapeutisch einen enorm hohen Wert, da sie Verhaltensweisen wertfrei und unmittelbar spiegeln, sodass Kinder ihr soziales Verhalten über die Reaktion der Tiere regulieren und anpassen können.

Am Pferd

Die Frühförderstelle pflegt Pferde, die in der Arbeit mit Kindern entsprechend ihrer Größe und Gewicht eingesetzt werden können. Wenn die Kinder zum Stall kommen, werden die Pferde begrüßt, gemeinsam geputzt, die Hufe ausgekratzt und unter Umständen für einen Spaziergang fertiggemacht. Dabei wird das Pferd zuerst geführt, was dem Pferd zum Aufwärmen und dem Kind zur Vorbereitung dient und dazu, mit dem Tier in Kontakt zu kommen. Das Kind kann entweder das Ende vom Führstrick halten und neben der Fachkraft und dem Pferd herlaufen, oder es traut sich schon selber zu führen, dann kann die Fachkraft zur Unterstützung auf der anderen Seite das Pferd festhalten bzw. mitführen. Dann steigt das Kind auf, entweder wird es hochgehoben oder kann mit Hilfe der «Räuberleiter» oder einer Aufstiegserhöhung schon selbst auf den Pferderücken «klettern». Wenn ein Kind reitet, trägt das Pferd ein Pad bzw. eine dünne Unterlage, die den empfindlichen Pferderücken schützt und dem Kind gleichzeitig ermöglicht, die Bewegungen und die Wärme

ZIELGRUPPE
ab 2–3 Jahren

WORUM GEHT'S?
Das Kind ist im intensiven Kontakt mit dem Pferd

WORAUF ACHTEN?
Ein geeignetes Pferd und die Begleitung durch eine geübte Fachkraft ist Voraussetzung. Bedeutsam ist auch eine Umgebung, in der ein achtsames Zusammensein mit dem Tier möglich ist

FÖRDERTHEMEN
- Tastsinn, Lebenssinn, Bewegungssinn, Gleichgewichtssinn
- Funktionen des Muskeltonus, Koordination von Willkürbewegungen, die Propriozeption betreffende Funktionen
- elementare interpersonelle Aktivitäten, Wahrnehmen und Einhalten von Grenzen, Bindung
- Selbstwertgefühl

MATERIALIEN
geeignetes Pferd oder Pony, Ausrüstung (Gurt mit Haltegriffen, evtl. Reitpad, Helm, geeignete Kleidung, feste und geschlossene Schuhe)

des Tieres gut zu spüren sowie einen Voltigiergurt mit Griffen zum Festhalten. Während das Kind in die Bewegungen hineinspürt und zur Ruhe kommt, wird das Pferd von der pädagogischen Fachkraft im Schritt geführt. Wenn nötig, kann sie das Kind mit einer Hand am Oberschenkel festhalten. Die Strecke, die wir gehen, ist meist ähnlich. Der erste Teil des Weges ist geteert, es folgt ein Stück Feldweg am Bach entlang sowie Wiesenwege bergauf und bergab, teilweise unter herabhängenden Büschen und Ästen entlang. Am Bach kann eine Pause gemacht werden, um Steine zu sammeln und sie in den Bach zu werfen.. Zwischendrin können Variationen und Übungen eingebaut werden, z. B. in einer schnelleren Gangart reiten, freihändig reiten, Arme kreisen oder strecken, rückwärts oder mit geschlossenen Augen reiten etc. Die Stunden können auch mit zwei Kindern (und zwei Fachkräften) gestaltet werden, dann können die Kinder abwechselnd auf dem Pferd sitzen oder führen. Eine Zeit, die sich bewährt hat, sind 20 min. in konzertierter Stille dem Schritt des Pferdes zu lauschen und sich seiner Bewegung anzuvertrauen.

Das Kind kommt so in einen intensiven Kontakt mit dem Pferd. Es spürt dabei die Wärme, die von ihm ausgeht, das weiche Fell, das Kitzeln, wenn es das Kind beschnuppert und sanft (oder etwas frecher) mit den Lippen an der Hand knabbert. Manche Kinder haben zu Beginn noch große Berührungsängste und beobachten zunächst lieber mit etwas Abstand. Vielleicht trauen sie sich bereits, das Fell mit einer Bürste zu striegeln, bevor sie es mit der Hand berühren, und nähern sich dem Tier so Stück für Stück mehr an. Andere sind gleich sehr forsch in der Begegnung und müssen ein wenig gebremst werden, wenn das Pferd z. B. Abwehrreaktionen zeigt. Oft möchte ein Kind sofort auf den Rücken gehoben werden und vermeidet zunächst, eine direkte Beziehung zu dem Tier aufzubauen. Vom Rücken aus hat es dann ebenso die Möglichkeit, emotional Kontakt aufzunehmen, es beugt sich über den Pferdehals, um seine Mähne und seinen Hals zu streicheln, oder legt sich verkehrt herum auf den Rücken, sodass die Wange auf dem Fell des Pferdes ruhen kann. Beim Reiten werden viele Kinder ganz ruhig, geben sich der Bewegung des Pferdes hin oder nehmen ihre Umgebung «von hoch oben» wahr. Sie fühlen sich groß, als hätten sie eine Königskrone auf. Andere sind zunächst sehr aufgeregt und können ihren Redefluss kaum unterbrechen.

Auf physischer Ebene wird durch das Getragenwerden auf dem Pferd die Motorik und der Gleichgewichtssinn geschult. Die Schwingungen der Hüfte durch den Schritt des Pferdes sind der Bewegung des Gehens nachempfunden, wodurch das Gangbild des Kindes positiv beeinflusst werden kann. (Klüwer, C., 2005, S. 7) Das Kind findet sich in die rhythmische Bewegung des Pferdes ein und schwingt mit. Durch die gleichzeitig aufrechte Haltung im Sitz wird die Körperspannung und Körperhaltung trainiert. Die unterschiedlichen Bodenbeschaffenheiten,

Unebenheiten, Biegungen und Hindernisse ermöglichen verschiedene Erlebnisse und Erfahrungen, auf die das Kind in der Bewegung eingehen und flexibel reagieren muss. (Gäng, 2015, S. 87-91) So wird der eigene Körper deutlicher wahrgenommen und das eigene Körperschema verbessert. Zudem wird die sensorische Wahrnehmung ausgebildet. Intensive taktile Reize durch den Hautkontakt, das Streicheln und Ertasten des Pferdes, visuelles Erfassen der Umwelt vom Rücken des Pferdes aus oder das Beobachten des Pferdes, der Geruch des Pferdes und der Natur und auch das auditive Wahrnehmen der Umgebung und der Bewegung des Pferdes ermöglichen ganzheitliche, vielfältige Sinneserfahrungen. (Gäng, 2015, S. 79-91) Interessanterweise löst das Reiten bei vielen Kindern auch einen Sprung in der Sprachentwicklung aus. Die notwendigen physischen Voraussetzungen für die Sprache wie Reizung der Sinne, Takt und Rhythmus, Körperspannung sowie psychische Faktoren, insbesondere die Stärkung des Selbstwertgefühls, scheinen durch das Reiten gleichermaßen gefördert zu werden. Darüber hinaus wirkt sich der Kontakt zum Tier beruhigend auf die Körperfunktionen aus, indem der Herz-Kreislauf stabilisiert und der Puls gesenkt wird, was besonders bei unruhigen, hyperaktiven Kindern positive Effekte zeigt. (Otterstedt, 2017, S. 26-29) Durch den Umgang mit dem Pferd - streicheln, pflegen, sich tragen lassen - wird auf psychischer, emotionaler Ebene eine enge Bindung eingegangen und eine Beziehung aufgebaut. (Gäng, 2015, S. 25) Das Pferd vermittelt Zuneigung, ein Gefühl der Geborgenheit und des uneingeschränkten Angenommenseins, unabhängig von der Persönlichkeit oder Behinderung des Menschen, was wiederum Vertrauen zwischen Mensch und Pferd entstehen lässt. Der emotional positive Körperkontakt kann dabei helfen, Ängste abzubauen und schenkt Selbstbestätigung. Die Begegnung mit dem Pferd und seinen vielfältigen Erlebnismöglichkeiten kann zur seelischen Ausgeglichenheit beitragen. Die multimodalen Sinneserfahrungen lassen die Kinder zur Ruhe kommen, als würden sie sich selber und ihren Impulsen näher kommen. Es dient der Unterstützung der Modifizierung von eingefahrenen Verhaltensmustern, da die Sinneserfahrung einen starken Nachklang möglich macht.

Zusammenfassend fördert die Begegnung mit dem Pferd, die Beziehungsanbahnung, die Pflege und das Getragenwerden auf dem Pferderücken ganzheitlich Fähigkeiten im motorischen, sensorischen, kognitiven und sozial-emotionalen Bereich. Die Sinneswahrnehmung wird geschult, der Körper mobilisiert, und infolgedessen wird ein eigenes Körperschema entwickelt. Handlungskompetenzen werden erweitert und die Konzentrationsfähigkeit ausgebaut. Es wird Sozialkompetenz erworben und das Selbstkonzept sowie das Selbstwertgefühl werden gestärkt. (Horstmann, 2010, S. 75)

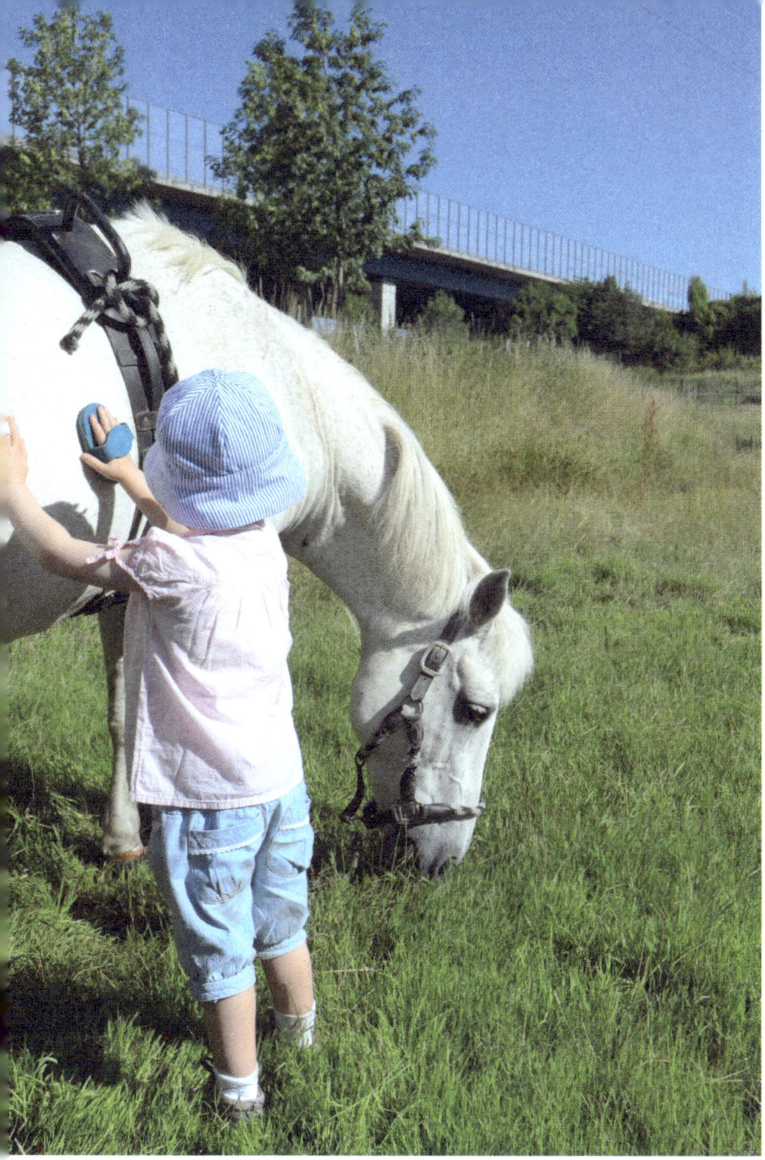

MELON

Literaturverzeichnis

Aeppli, W. (1996). *Sinnesorganismus, Sinnesverlust, Sinnespflege. Die Sinneslehre Rudolf Steiners in ihrer Bedeutung für die Erziehung.* (1. Aufl. der Neuausgabe). Stuttgart: Verlag Freies Geistesleben.

AKK Arbeitskreis Kleinkind (2017). *Ich übe mich - Wie übe ich? Dokumentation eines Fachtags.* Neustadt: Vereinigung der Waldorfkindergärten Deutschland.

Archiv-Magazin (2023) Beiträge aus dem Rudolf Steiner Archiv Nr. 13. *Schwerpunkt: Zur Sinneslehre.* Basel: Rudolf Steiner Verlag, 46-158.

Auer, W.-M. (2014). *Sinnes-Welten. Sinne entwickeln, Wahrnehmung schulen, mit Freude lernen.* (3. Auflage). München: Kösel-Verlag.

Auer, W.-M. (2019). «Entwicklung und Pädagogik der Sinne.» In: Wiehl, A. & Auer, W.-M. (Hrsg.): *Kindheit in der Waldorfpädagogik.* Weinheim: Beltz Juventa, 31-50.

Breyer, T. (2015). *Verkörperte Intersubjektivität und Empathie. Philosophisch- anthropologische Untersuchungen.* Frankfurt am Main: Verlag Vittorio Klostermann.

Buber, M. (2023). *Das dialogische Prinzip: Ich und Du. Zwiesprache. Die Frage an den Einzelnen. Elemente des Zwischenmenschlichen. Zur Geschichte des dialogischen Prinzips.* Gütersloh: Penguin Random House Verlagsgruppe GmbH.

Ellersiek, W. (2021). *Berührungs- und Handgestenspiele für Kinder zwischen 0 und 9 Jahren.* (4. durchges. Aufl.). Stuttgart: Verlag Freies Geistesleben.

Fuchs, T. (2000). *Leib, Raum, Person. Entwurf einer phänomenologischen Anthropologie.* Stuttgart: Klett-Cotta.

Gäng, M. (2015). *Heilpädagogisches Reiten und Voltigieren (Mensch & Tier).* (7., überarb. und erw. Aufl.). München: Reinhardt.

Glöckler, M. (2020). *Kita, Kindergarten und Schule als Orte gesunder Entwicklung.* (2. Aufl.). Stuttgart: Edition Waldorf.

Glöcker, M., Grah-Wittich, C. (2018). *Die Würde des kleinen Kindes: Was erhält das kleine Kind gesund?* (5. Aufl.) Dornach: Verlag am Goetheanum

Glöcker, M., Grah-Wittich, C. (2020). *Die Würde des kleinen Kindes 2: Gesunde Entwicklung und Prävention.* Dornach: Verlag am Goetheanum.

Glöcker, M., Grah-Wittich, C. (2019) *The Dignity of the Young Child 1: How can we keep the young child healthy?* Dornach: Verlag am Goetheanum.

Göbel, T. (1982) *Die Quellen der Kunst. Lebendige Sinne und Phantasie als Schlüssel zur Architektur.* Dornach: Verlag am Goetheanum.

Grah-Wittich, C. (2017) *Wie siehst du mich? Die Bedeutung der individuellen Sichtweisen von Eltern auf ihr Kind.* Stuttgart: Verlag Freies Geistesleben

Grunwald, D. M. (2017). *Homo hapticus: Warum wir ohne Tastsinn nicht leben können.* München: Droemer Knaur GmbH & Co.

Haug-Schnabel, G., Bensel, J. (2009). «Beim Wickeln hast du Zeit nur für mich! Diesmal im Blick: Pflegezeit ist Beziehungszeit.» In: *Kindergarten heute,* (02), 42-44.

Horstmann, M. (2010). *Heilpädagogisches Reiten als Entwicklungsförderung für Kinder mit psychomotorischen Auffälligkeiten. Ergebnisse einer Interventionsstudie.* (Europäische Hochschulschriften). Frankfurt: Peter Lang Internationaler Verlag der Wissenschaften.

Kálló, É., Balog, G. (2003): *Von den Anfängen des freien Spiels.* Berlin: Pikler Gesellschaft.

Klüwer, B. (2005). «Selbsterfahrung auf dem Pferd.» In: DKThR (Hrsg.): *Heilpädagogisches Voltigieren und Reiten - Grundlagen.* (Sonderhefte des DKThR, 3. unveränderte Aufl.), 16-21.

König, K. (1995). *Sinnesentwicklung und Leiberfahrung. Heilpädagogische Gesichtspunkte zur Sinneslehre Rudolf Steiners.* (4. Aufl.). Stuttgart: Verlag Freies Geistesleben.

Köhler, H. (1994). *Von ängstlichen, traurigen und unruhigen Kindern. Grundlagen einer spirituellen Erziehungspraxis.* (2. Aufl.). Stuttgart: Verlag Freies Geistesleben.

Kuhlenkamp, S. (2017). *Lehrbuch Psychomotorik.* München: Ernst Reinhardt Verlag.

Lievegoed, B. C. J. (1979). *Entwicklungsphasen des Kindes.* (2. Aufl.). Stuttgart: J. Ch. Mellinger Verlag.

Loebell, P. (2016). «Begründungsansätze für das Konzept der Jahrsiebte in der Waldorfpädagogik.» In: Schieren, J. (Hrsg.): *Handbuch Waldorfpädagogik und Erziehungswissenschaft. Standortbestimmung und Entwicklungsperspektiven.* Weinheim: Beltz Juventa, 228-253.

Lusseyran, J. (2020). *Ein neues Sehen der Welt. Gegen die Verschmutzung des Ich.* (5. Aufl.) Stuttgart: Verlag Freies Geistesleben

Neuß, N. (2014): «Hinter einer Waschmaschine lag eine Zitrone». *Alltägliche, tätigkeitsorientierte Bildungsbereiche als Lernressourcen für Kinder erkennen.* In: *TPS*, (01), 4-8.

Otterstedt, C. (2017). *Tiergestützte Intervention. Methoden und tiergerechter Einsatz in Therapie, Pädagogik und Förderung (88 Fragen & Antworten).* Stuttgart: Schattauer.

Patzlaff, R., McKeen, C., von Mackensen, I., Grah-Wittich, C. (2016). *Leitlinien der Waldorfpädagogik für die Kindheit von der Geburt bis zum dritten Lebensjahr.* (2. überarb. Aufl.). Stuttgart: Pädagogische Forschungsstelle beim Bund der Freien Waldorfschulen e.V.

Pikler, E. (2008). *Friedliche Babys - zufriedene Mütter. Pädagogische Ratschläge einer Kinderärztin.* Freiburg im Breisgau: Verlag Herder.

Rapp, D., Zehnter, C. (2019) *Die zwölf Sinne in der seelischen Beobachtung. Eine Exkursion.* Alle: Sentovision GmbH.

Rohen, J. W. (2000). *Morphologie des menschlichen Organismus.* Stuttgart: Verlag Freies Geistesleben.

Seewald. J. (2007): *Der Verstehende Ansatz in Psychomotorik und Motologie.* München: Ernst Reinhardt Verlag.

Soesmann, A. (1995). *Die zwölf Sinne - Tore der Seele.* Stuttgart: Verlag Freies Geistesleben.

Späker, T. (2016). *Zur Bedeutung des Erfahrungsraums Natur für eine psychomotorisch-motologische Entwicklungs- und Gesundheitsförderung.* Zugriff am: 07.02.2014. Verfügbar unter: https://archiv.ub.uni-marburg.de/diss/z2016/0846/pdf/dts.pdf

Steiner, R. (1894). *Philosophie der Freiheit.* GA 4 (17. Aufl. 2021). Basel: Rudolf Steiner Verlag.

Steiner, R. (1904). *Theosophie. Einführung in übersinnliche Welterkenntnis und Menschenbestimmung.* GA 9 (34. Aufl. 2021). Basel: Rudolf Steiner Verlag.

Steiner, R. (1906) *Die Erziehung des Kindes.* Aus GA 34 und 55 (1. Aufl. 2015). Basel: Rudolf Steiner Verlag.

Steiner, R. (1912). «Die Selbsterziehung des Menschen im Lichte der Geisteswissenschaft.» In: Steiner, R.: *Menschengeschichte im Lichte der Geistesforschung.* GA 61 (2. Aufl. 1983). Basel: Rudolf Steiner Verlag, 416-447.

Steiner, R. (1916). Vortrag vom 12. August 1916 in Dornach. In: Steiner, R.: *Das Rätsel des Menschen. Die geistigen Hintergründe der menschlichen Geschichte. Kosmische und menschliche Geschichte.* GA 170 (3. Aufl. 1992). Basel: Rudolf Steiner Verlag, 105-121.

Steiner, R. (1919) *Allgemeine Menschenkunde als Grundlage der Pädagogik. Ein pädagogischer Grundkurs. Teil 1.* GA 293 (10. Aufl. 2019). Basel: Rudolf Steiner Verlag.

Steiner, R. (1921) Vortrag vom 22. Juli 1921 in Dornach: Die zwölf Sinne des Menschen. In: Steiner, R: *Menschenwerden, Weltenseele und Weltengeist.* GA 206 (2. Aufl. 1991). Basel: Rudolf Steiner Verlag, 26-42.

Steiner, R. (1922a) *Anthroposophie - Ein Fragment.* GA 45 (4. neu durgesehene und erweiterte Aufl. 2002). Basel: Rudolf Steiner Verlag.

Steiner, R. (1922b). Vortrag vom 10. April 1922 in Den Haag: Die anthroposophische Forschungsmethode. In: Steiner, R.: *Damit der Mensch ganz Mensch werde. Die Bedeutung der Anthroposophie im Geistesleben der Gegenwart.* GA 264 (2. Aufl. 1994). Basel: Rudolf Steiner Verlag, 112-145

Steiner, R. (1922c). Vortrag: «Die Erziehung des Kindes und die Grundstimmung des Erziehers.» In: Steiner, R.: *Die geistig-seelischen Grundkräfte der Erziehungskunst. Spirituelle Werte in Erziehung und sozialem Leben.* GA 305 (3. Aufl. 1991). Basel: Rudolf Steiner Verlag, 56-75.

Steiner, R. (1924): *Heilpädagogischer Kurs.* GA 317 (8. Aufl. 1995). Basel: Rudolf Steiner-Verlag.

Suggate, S. (2015). *Pädagogische Ansätze für die Kita.* Waldorf Berlin: Cornelsen.

UN-Kinderrechtskonvention vom 20. November 1989. Zugriff am: 09.02.2024. Verfügbar unter: https://www.bmfsfj.de/resource/blob/93140/78b9572c1bffdda3345d8d393acbbfe8/uebereinkommen-ueber-die-rechte-des-kindes-data.pdf

von Allwörden, M., Wiese, M. (2009). *Vorbereitete Umgebung für Babys und kleine Kinder. Handbuch für Familien, Krippen und Krabbelstuben.* Berlin: Pikler Gesellschaft.

Wais, M., Grah-Wittich, C., Meier, U. (2011). *Wie werden aus Jungs richtige Männer … und wer ist dafür zuständig?* Esslingen: Gesundheitspflege initiativ.

Wember, V. (2015) *Willenserziehung. 60 pädagogische Angaben Rudolf Steiners. (5. überabeitete Aufl. 2025).* Tübingen: Stratosverlag.

Wember, V. (2025) *Erkenntniskräfte. Grundlage und Übungen Rudolf Steiners zur gesunden Entwicklung der kognitiven Fähigkeiten von Kindern und Jugendlichen.* Tübingen: Stratosverlag.

Wiehl, A., Auer, W.-M. (2019). *Kindheit in der Waldorfpädagogik.* Weinheim: Beltz Juventa.

Zimmer, R. (o. J.): B*ewegung und Sprache. Verknüpfung des Entwicklungs- und Bildungsbereichs Bewegung mit der sprachlichen Förderung in Kindertagesstätten.* https://www.dji.de/veroeffentlichungen/literatursuche/detailansicht/literatur/6170-bewegung-und-sprache.html.

Literaturanregungen zum Vorwort von der Universität Witten-Herdecke:

Hutton JS, Dudley J, Horowitz-Kraus T, DeWitt T, Holland SK. *Associations Between Screen-Based Media Use and Brain White Matter Integrity in Preschool-Aged Children.* JAMA Pediatr. 2020 Jan 1;174(1):e193869.

Hutton JS, Dudley J, DeWitt T, Horowitz-Kraus T. *Associations between digital media use and brain surface structural measures in preschool-aged children.* Sci Rep. 2022 Nov 9;12(1):19095.

Law EC, Han MX, Lai Z, Lim S, Ong ZY, Ng V, et al. *Associations Between Infant Screen Use, Electroencephalography Markers, and Cognitive Outcomes.* JAMA Pediatr. 2023 Mar 1;177(3):311–8.

Sugiyama, M., Tsuchiya, K. J., Okubo, Y., Rahman, M. S., Uchiyama, S., Harada, T., Nishimura, T. (2023). *Outdoor Play as a Mitigating Factor in the Association Between Screen Time for Young Children and Neurodevelopmental Outcomes.* JAMA Pediatrics, *177*(3), 303. https://doi.org/10.1001/jamapediatrics.2022.5356

Materialliste

1 **Balancierbalken** *Hengstenberg* Der Balancierbalken ist etwa 2,5 m lang und bietet durch drei Bohrungen auf der Unterseite die Möglichkeit, Füße aufzustecken und den Balken so emporzuheben. Er ist etwa einen Kinderfuß breit und regt somit zum Balancieren im Wechselschritt an.

2 **Balancierbrett** *Hengstenberg* Das Balancierbrett ist etwa 1,2 m lang und 15 cm breit. Am jeweiligen Ende sind kleine Füße angebracht, wodurch das Brett nicht ganz auf dem Boden aufliegt. Das Brett regt erste Balancierbemühungen an. Durch die Breite ist noch eine Vielzahl an Bewegungsmustern möglich, wie der Nachstellschritt oder das Seitwärtsgehen für unsichere Kinder, aber auch rückwärts balancieren für andere.

3 **Balancierstangen** *Hengstenberg* Die Balancierstangen tun sich besonders durch ihr Material hervor. Das Erlenholz gibt den Bewegungen der Kinder nach und fordert so den Leib dazu heraus, ständige Ausgleichsbewegungen hervorzubringen. Für die Vorschulkinder haben wir zwei Stangen aus unterschiedlichen Materialien, die dementsprechend unterschiedlich nachgeben und für zusätzliche Herausforderung sorgen.

4 **Dreiecksleiter** *Hengstenberg* Die Dreiecksleitern haben ihre Holme zum Teil in unregelmäßigen Abständen. Diese Stolperfallen verhindern, dass das Kind klettert und mit seiner Aufmerksamkeit woanders ist. Die Leitern sind so konzipiert, dass ihre Nutzung ein gewisses Maß an Achtsamkeit in der Bewegung erfordert.

5 **Filz-Zubehör** Die Filzwolle, auch Märchenwolle, kaufen wir im Wollgeschäft. In manchen kann man auch die Bambusmatte zum Filzen kaufen, alternativ findet man natürlich beides im Internet.

6 **Formen** Wir nutzen die Formen aus dem Waldorfshop, besonders die Guglhupf- und die Tortelettformen.

7 **Häkelbälle** Die Häkelbälle sind größtenteils selbst gemacht. Anleitungen dazu findet man im Internet. Man kann sie mit dem Material der Wahl füllen, die meisten sind bei uns mit einem genähten Säckchen Reis gefüllt. Alternativ kann man sie z. B. auch bei Sport-Thieme bestellen.

8 **Handbohrer** Wir benutzen einen Handbohrer mit Brustplatte von Dictum. Man kann ihn mit einer Hand am Griff und dem Oberschenkel an der Brustplatte gut stabilisieren, während das Kind bohrt.

9 **Hängematte** Wir nutzen die Hängematten von La Siesta. Sie werden aus Bio-Baumwolle produziert und in verschiedenen Größen angeboten. In der sogenannten Kingsize Größe können je nach Sitzposition zwischen zwei und vier Kindern schaukeln.

1

2

3

4

5

6

7

8

9

10 **Hocker** Die Pikler-Hocker fordern durch ihr Design eine gesunde Körperspannung, sowohl beim Kind als auch beim Erwachsenen. Dadurch, dass es sie in verschiedenen Höhen gibt, kann jedes Kleinkind eigenständig mit seinen Füßen am Boden darauf sitzen, sodass die eigene Aufrechte von Fuß bis Kopf gehalten wird.

11 **Holzkugel** Die Kugel ist eine Auftragsarbeit an eine Schreinerei. Sie ist aus einem Stück gearbeitet und hat einen Durchmesser von etwa 70 cm.

12 **Holztunnel** Das Langteil eines Pikler-Labyrinths. Möglichkeit für verschiedene Raumlageerfahrungen, regt zum Krabbeln, Klettern, Springen sowie Ziehen an und ist eine schöne Gelegenheit zum Zurückziehen und Verstecken.

13 **Hühnerleiter** *Hengstenberg* Die Hühnerleiter regt noch eher den Wechselschritt an als andere Leitern. Dadurch, dass sie nicht nur aus Holmen besteht, zwischen denen die Füße durchrutschen können, fühlen sich Kinder auf ihr sicherer und erproben so eher neue Bewegungsmuster.

14 **Igelbälle** Wir nutzen ein Igelball-Set von Sport-Thieme. Durch eine Auswahl an verschiedenen Größen und Härtegraden findet sich meist der passende Igelball zur Massage, aber auch zum Spiel.

15 **Japansäge** Wir benutzen verschiedene Japansägen von Dictum. Die Japansäge eignet sich besonders, weil sie motorisch leichter zu koordinieren ist und einen feinen Schnitt erlaubt. Zum Sägen benötigt es wenig Kraft. Zum Mitanpacken eignet sich eine Säge mit einem längeren Griff, für das eigenständige Sägen ein kürzerer. Wir verwenden Dozukis und Katabas.

16 **Kindermangel** Wir nutzen Kindermangeln von Southpaw, die es unter anderem bei Sport-Thieme zu kaufen gibt.

17 **Kineticsand** Kineticsand, bei uns als Zaubersand betitelt, kann selbst gemacht oder gekauft werden. Rezepte und Bezugsadressen sind im Internet gut zu finden. Wir nutzen pro Kiste etwa 5 kg Sand.

18 **Kirschkerne** Die Kirschkerne kann man von verschiedenen Adressen beziehen, beispielsweise im Internet oder bei Naturläden. Neue Kirschkerne haben häufig eine etwas raue Haptik. Dagegen helfen ein paar Löffel Öl. Zur Reinigung kann man sie im Ofen erhitzen oder säckeweise in der Gefriertruhe lagern.

10

11

12

13

14

15

16

17

18

19 Kirschkernkorb All unsere Körbe beziehen wir von weiden-korb.de. Für die Kirschkerne benutzen wir einen Hundekorb mit einer Länge von einem Meter. Darin wird auf ein selbstgeschnittenes und -bezogenes Schaumstoff-Inlay aus dem Baumarkt ein Bettlaken gelegt und mit 40 kg Kirschkernen befüllt.

20 Kirschkerntonne Die Tonnen beziehen wir von der Thüringer Fiber-Trommel GmbH Rositz. Sie haben einen Durchmesser von 63 cm, ein Fassungsvermögen von 210 l und eine Höhe von 70,5 cm. Wir befüllen sie mit etwa 50–75 kg Kirschkernen und zwischen 40 und 60 Schätzen. Dabei achten wir darauf, ein gutes Verhältnis zwischen wenigen großen und schweren Steinen über handgroße Steine und Muscheln bis hin zu kleineren Gegenständen wie Murmeln, Holz- oder Messingringen zu wahren, damit die Schatzsuche nicht zu frustrierend aber auch nicht zu leicht wird.

21 Kirschkernwanne Die Wanne haben wir bei einem Schreiner in Auftrag gegeben. Sie hat die Maße 200 x 60 x 50 cm und ist aus Massivholz-Dreischichtplatten. Sie ist mit ungefähr 125 kg Kirschkernen und etwa 50 Schätzen befüllt.

22 Kletterdreieck Auch als Pikler-Dreieck bekannt. Eignet sich für Kinder, die krabbeln können und bereit sind, in die Höhe zu gehen.

23 Lauftrommel Die Lauftrommel kann man von Pedalo bei verschiedenen Anbietern im Internet finden.

24 Mittelholmleiter *Hengstenberg* Die Mittelholmleiter kann im schrägen sowie im liegenden Zustand genutzt werden. Bei letzterem fordert sie besonders die Rumpfmuskulatur heraus, sollte sie mit Händen und Füßen begangen werden. Dabei geht der Hintern in die Luft, wie bei einem Bären. Daraus ist der Spitzname Bärenleiter entstanden. Versierte und schnelle Kinder gehen auch gerne ohne Hände über die liegende Leiter. In der schrägen Lage können Kinder leichter aus dem Nachstellschritt von Händen und Füßen in eine überkreuzte gleichzeitige Bewegung von Hand und Fuß gelangen als im liegenden.

25 Pikler-Essbank Die Pikler-Essbank wird in der U3-Betreuung nach Emmi Pikler zur Unterstützung des eigenständigen Essens verwendet. Sie kann auch bei Älteren besonders für feinmotorische Angebote genutzt werden, bei denen sich das Körpererleben über einen längeren Zeitraum auf den Handgebrauch beschränkt. Die Essbänke geben einen klaren Halt und rahmen Angebote, die Konzentration benötigen, spürbar.

26 Pikler-Podest Findet man in den unterschiedlichen Höhen 16 cm und 20 cm. Die Pikler-Podeste sind ein einfaches Spielgerät für Bewegungsentwicklung, Orientierung und Raumlagewahrnehmung. Die unterschiedlichen Anbaukeile und Höhen bringen vielfältige Herausforderungen an Koordination und Gleichgewicht mit sich. Die Rampen lassen sich rutschfest mit den Podesten verbinden. Aus schichtverleimtem Birke-Vollholz gefertigt ist die mit Leinöl behandelte Oberfläche haptisch ansprechend und strapazierfähig.

27 Plattformschaukel Auf der Plattformschaukel, auch Podestschaukel, können Kinder in verschiedensten Positionen ihren Gleichgewichtssinn erleben. Liegend, kniend, sitzend oder stehend regt die etwa 1 qm große Schaukel verschiedenste Muskelgruppen an, die der Aufrechten dienen.
Wir nutzen eine Schaukel der Marke erfi, man kann sie im Internet finden.

19

20

21

22

23

24

25

26

27

28 Rollbrett & Ruder Wir nutzen das Rollbrett «Karambo» und das zugehörige Paddel, bei uns Ruder, von Sport-Thieme. Für zusätzlichen Fingerschutz gibt es das Rollbrett «Spezial».

29 Rutschbrett Wir haben eine Variation an Rutschbrettern aus Holzsorten wie Buche und Esche. Über das Aufhängsystem kann man sie an einer Sprossenwand oder Leiter sowohl als Rutschbahn als auch beidseitig als Planke nutzen. Steil aufgehängt dienen sie auch als Berge, die man auf- und absteigen kann, wahlweise mit Seil oder auch ohne. Mit Seil steht dann die wechselseitige Nutzung der Hände im Vordergrund, ohne Seil der Aufbau der nötigen Körperspannung, um gegen die Schwerkraft aufrecht die Schräge zu gehen.

30 Sandsäckchen Die Sandsäckchen waren ein Auftrag an eine befreundete Schneiderin. Die Stoffe sind nach unterschiedlicher Haptik und Farben ausgewählt. Es gibt außerdem unterschiedliche Größen, von 10 x 10 cm bis hin zu 30 x 30 cm. So gibt es sehr kleine und weiche Säckchen aus samtigem Stoff und auch große, schwere aus Cord. Sie sind je nach gewünschtem Gewicht befüllt mit Sand, Reis, Dinkelspelz und Kirschkernen. Eine neue Addition sind die Kissenschlangen, die in der Dicke den anderen Kissen gleichen, aber eine Länge von etwa 80 cm haben. Sie eignen sich gut zum Schleppen, Werfen und Zudecken.

31 Schalen Die meisten Schalen sind aus Bambus. Sie halten viel aus und lassen sich bei eventuellen Schäden noch leimen. Aber auch schwerere Exemplare aus Olivenholz sind in der Nutzung. An dieser Stelle sei auch Grimms Kistensatz erwähnt, der sich durch seine Form, Material und ansprechende bunte Farben im Spiel bewährt hat. Er ist im Waldorfshop zu erstehen.

32 Schätze Als Schätze nutzen wir eine Vielzahl an Gegenständen. Über Jahre gesammelte Steine, Muscheln, Kastanien und Nüsse bieten differenzierte und interessante haptische Eindrücke. Murmeln sind besonders gut visuell erkennbar und bieten so Kindern, die Schwierigkeiten haben, Schätze zu ertasten, eine andere Möglichkeit. Außerdem nutzen wir etwa 1 ccm große Messingwürfel, Messingringe und Holzringe sowie Klangkugeln als kleine Besonderheiten. Insgesamt achten wir hier darauf, dass unterschiedliche Sinneseindrücke sowie unterschiedliche Gewichte zur Geltung kommen.

33 Seile Zum einen nutzen wir Filzschnüre aus dem Waldorfshop, zum anderen Hanf- oder Baumwollseile, die man im Internet oder im Baumarkt kaufen kann.

34 Seilrolle Die Seilrolle besteht aus einem Judogurt und einer Umlenkrolle, deren Herkunft wir nicht mehr nachvollziehen können. Die wahrscheinlich beste Adresse ist das Internet oder der lokale Baumarkt.

35 Sitzsack Sitzsäcke kann man mittlerweile vielerorts kaufen. Wir empfehlen dennoch, einen eigenen anfertigen zu lassen. Wir haben unsere mit Dinkelspelz befüllt, sodass sie eine angenehme Schwere haben. Kinder können in sie reinspringen, ohne dass sie den Boden berühren. Gleichzeitig sind sie nicht zu prall oder schwer gefüllt, sodass Kinder im Vorschulalter sie eigenständig bewegen können.

36 Tellerschaukel Die Tellerschaukel ist selbstgebaut, aus einer Wackelscheibe und einem Seil. Hierfür eignet sich ein 12er-Holzbohrer, um das mindestens 10 mm dicke Seil problemlos durchfädeln zu können. Ober- und unterhalb der Scheibe wird das Seil mit Knoten fixiert.

28

29

30

31

32

33

34

35

36

37 Torf-Öl WANDIL-Torföle sind sowohl zum Einreiben und zur Massage als auch für Öldispersionsbäder geeignet. Bei der Herstellung der WANDIL-Torföle wird die verwandelte Torffaser in hochwertige Öle eingearbeitet. Man kann sie im Internet auf shop.wandil.de bestellen.

38 Wackelbrett / Kippelbrett *Hengstenberg* Das Wackelbrett ist 2,4 m lang und 28 cm breit. Durch zwei halbrunde Füße liegt es nicht stabil auf und die Kinder können sich selber durch das Aufsetzen der Füße ins Gleichgewicht bringen.

39 Wackelhölzer / Kippelhölzer *Hengstenberg* Die Wackelhölzer dienen vor allem dem Bauen von Wegen. Je kleiner der Durchmesser, desto herausfordernder ist ihr Begehen. Auf der flachen Seite liegend regen sie die Flexion der Fußmuskulatur an, auf der runden Seite liegend sind sie erst quer dann längs als Balancierprüfung zu meistern.

40 Wackelscheiben / Kippelscheiben Die Wackelscheiben haben wir selbst beim Drechsler in Großbestellung gegeben. Sie sind aus Buche, haben mindestens einen Durchmesser von 25 cm und eine Tiefe von 5 cm. Alternativ kann man sie im Waldorfshop einzeln bestellen oder bei diversen Hengstenberg Anbietern.

Hengstenberg- und Pikler-Möbel beziehen wir bei folgenden Adressen:

- Basisgemeinde Wulfshagenerhütten (basisgemeinde.de)
- Massivholz-Schreinerei der Gemeinschaft Kehna (in-kehna.de)
- Spielzeugmacher Martin Plackner (spielzeugmacher.at)

Danksagung

39

40

Wir danken herzlich:

- den Kolleginnen und Kollegen der Frühförderstelle am-hof, «Haus des Kindes»: Antje Kind, Conny Pohl, David Bauer, Djalila Schindler, Karola Schaar, Marcel Roosen, Sara Kolata, Selina Kaus, Tatjana Giesler für die tatkräftige Mitarbeit und Unterstützung, sowohl inhaltlich als auch moralisch und emotional.
- dem Vorstand des Vereins «Haus des Kindes»: Anna Merklin, Janos Bohnke, Jörg Zimmermann, Michael Busch (†) für die langjährige, wertvolle Zusammenarbeit.
- und nicht zuletzt den Familien, den Kindern und Eltern, die den Weg mit uns gegangen sind und in der Begegnung mitgewirkt haben.

Fotonachweis

Alle Fotos sind mit freundlicher Einwilligung der abgebildeten Kinder und ihrer Eltern

- aus dem Privatbesitz von Stefanie Allon-Grob, Larissa Freyer, Manni Goldbeck, Claudia Grah-Wittich, Valentin Wittich
- aus der Frühförderstelle Haus des Kindes, fotografiert von Annika Kern, Christian Forss, Claudia Grah-Wittich, David Bauer, Marcel Roosen, Sara Kolata, Selina Kaus, Sophie Elliesen, Stefan Krauch, Tatjana Giesler, Ulrike Ullrich
- aus der Wiegestube Sonnenschein, fotografiert von Brigitte Huisinga

Über die Autoren

Claudia Grah-Wittich

geb. 1957
verheiratet, drei erwachsene Kinder

Studium der Philosophie und Kunstgeschichte, Dipl. Sozialarbeiterin, tätig in der Frühförderung und Elternberatung am *hof* in Frankfurt-Niederursel, Aufbau des Pädagogisch-therapeutischen Zentrums in Frankfurt-Niederursel.

Fachreferentin für frühe Kindheit, Beratung für Einrichtungen, Dozentin an verschiedenen Ausbildungsstätten, Weiterbildung Eltern Beraten, Kinder NEU sehen lernen am *hof*, Mitarbeit in der Arbeitsgruppe «Arbeitsgruppe kleines Kind, AKK» der Vereinigung der Waldorfkindergärten und «Schwangerschaft, Geburt und frühe Kindheit» der Medizinischen Sektion am Goetheanum, Vorträge und Seminare im In- und Ausland, Autorin.

Stefan Krauch

geb. 1957
verheiratet, drei erwachsene Kinder

Schreinermeister, Heilpädagoge, Dipl. Sozialarbeiter, freischaffender Künstler, bis 2023 tätig in der Frühförderung und Elternberatung am *hof* in Frankfurt-Niederursel, Aufbau des Pädagogisch-therapeutischen Zentrums in Frankfurt-Niederursel.

Fachreferent für Kinder im Vorschulbereich, Beratung für Einrichtungen, Vorträge und Seminare im In- und Ausland, Arbeit mit Eltern sowie Erwachsenenbildung, Ausstellungen in Deutschland und Holland.

Christian Forss

geb. 1995

Bachelor-Studium der Kindheitspädagogik an der Alanus Hochschule in Alfter mit Abschlussarbeit «Chancen und Risiken psychomotorischer Förderung im Hinblick auf die Transition in die Schule» (2020), Master-Studium Inklusive Pädagogik und Elementarbildung in Gießen mit Abschlussarbeit «Leiblichkeit in der pädagogischen Frühförderung – eine Ethnografie» (2023), Zusatzqualifikation Sprach- und Theaterpädagogik von der Alanus Hochschule.

Seit 2017 tätig in der Frühförderung und Elternberatung am *hof* in Frankfurt-Niederursel, seit 2023 beratend im offenen Spieltreff Al Karama.

Annika Kern

geb. 1995

Bachelor-Studium der Kindheitspädagogik in Gießen mit Abschlussarbeit «Resilienzförderung in der Krippe nach Emmi Pikler» (2018), Master-Studium Motologie und Psychomotorik in Marburg mit Abschlussarbeit «Motologisches Arbeiten in anthroposophischen Einrichtungen» (2020), Weiterbildung im Bereich Tiergestützte Pädagogik.

Seit 2017 tätig in der Frühförderung und Elternberatung am *hof* in Frankfurt-Niederursel, Mitarbeit in der Arbeitsgruppe «Schwangerschaft, Geburt und frühe Kindheit» der Medizinischen Sektion am Goetheanum, Co-Autorin «Bildungsauftrag und Konzept der waldorfpädagogischen Krippe».

Bei der Förderung von Kindern im Vorschulalter ist die Mitwirkung von Eltern ein wesentlicher Faktor. Claudia Grah-Wittich schildert ihre praktischen Erfahrungen in der Frühförderung von Kindern mit Entwicklungsverzögerungen. Sie bezieht in ihrer Arbeit die Eltern voll mit ein - parallel zur Förderung des Kindes malen die Mütter oder Väter Bilder, in denen sie zum Ausdruck bringen, wie sie ihr Kind sehen. Dadurch zeigen sich besondere Momente in der Eltern-Kind-Beziehung oder in der familiären Konstellation; vergangene Ereignisse und aktuelle Lebenssituationen erscheinen in einer neuen Perspektive. Dies ermöglicht es den Therapeuten und Eltern, das Kind wirksam zu fördern.

Viele Fallbeispiele und farbige Abbildungen aus der Elternarbeit illustrieren den innovativen Ansatz.

Verlag Freies Geistesleben

Claudia Grah-Wittich
Wie siehst du mich?
Die Bedeutung
der individuellen Sichtweisen
von Eltern auf ihr Kind

ISBN 978-3-7725-2809-5

2. überarbeitete Auflage 2025

Verlag Freies Geistesleben
Landhausstraße 82 • 70190 Stuttgart
geistesleben.de

Bei Fragen zur Produktsicherheit wenden Sie sich an
info@geistesleben.com
Umschlaggestaltung: Wolfram Schildt unter
Verwendung eines Fotos von Haus des Kindes
Satz: Wolfram Schildt
Druck: DZS Grafik, Ljubljana
Printed in Slovenia

MIX
Papier | Fördert gute Waldnutzung
FSC® C106600
www.fsc.org

Druckprodukt mit finanziellem
Klimabeitrag
ClimatePartner.com/13357-2509-1007